名越時正

水戸学の道統

◆水戸史学選書◆

企画・編集 水戸史学会
発行 錦正社

義公の俤（著者試作）

▶西山荘　光圀隠棲の地（常陸太田市）

◀弘道館の正庁玄関

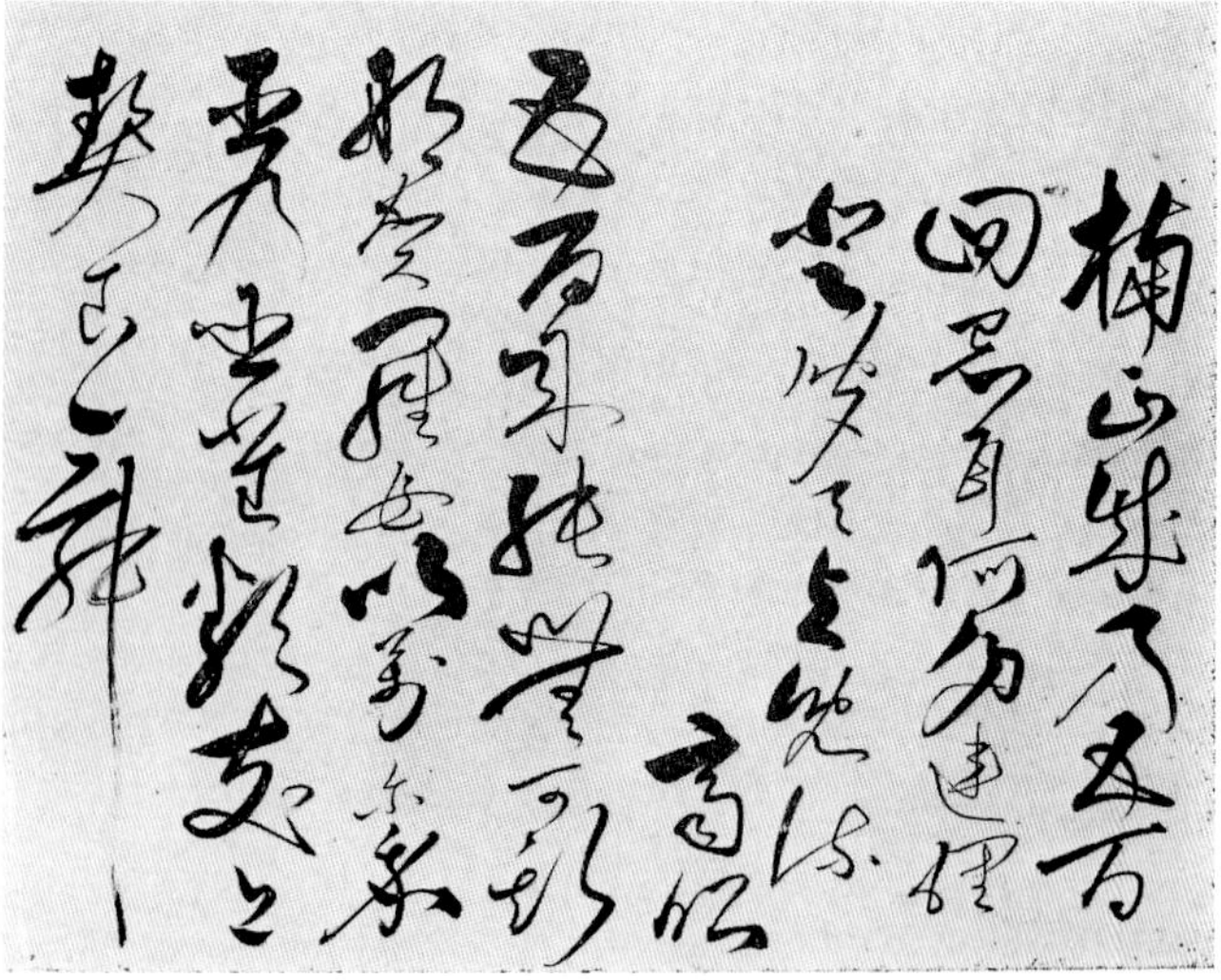

▶徳川斉昭　楠木正成五百年忌の和歌
五百年のむかし
ながらもいまに我
臣の臣たる友と
契らむ

はじめに——第三版によせて——

「載籍アラズンバ虞夏ノ文、得テ見ルベカラズ、史筆ニ由ラズンバ何ヲ以テ後ノ人ヲシテ観感スルトコロアラシメンヤ」

この句は、周知の通り、『大日本史』の叙に、十八歳の義公水戸光圀の言葉として伝へるところであつて、人類が長き年月に亙つて大切に伝へてきた典籍の持つ意味と、正確にして公正な歴史書が持つその本来の働きとを、見事に喝破したものと云つてよい。

歴史は単なる年代記ではない。それぞれの時代の課題に立ち向ひ苦闘した先祖の生きざまを、正確に、ありのままに、そして深い愛情をもつて、今日に伝へるものでなくてはならない。

本書の著者名越時正先生は、旧制水戸高等学校から東京帝国大学に進まれ、昭和十四年に文学部国史学科をご卒業、ついで同大学国史学科の副手・助手を務められたが、大東亜戦争やうやく風雲急を告げるに及んで応召、軍務に精励された。やがて敗戦とともに職を辞して郷里の水戸に戻り、県立水戸中学校（県立水戸第一高等学校と改称）に奉職された。

爾来先生は、大学などからの誘ひの一切を断られ、一田舎教師としての生涯を貫かれた。それは先生が、いまだ純真さを残す高等学校の生徒を、正しい道に導いて、将来の日本を託さうといふ夢を抱き続けられたからに他ならない。本書に集められた諸編も、同じ思ひから執筆された。

本書を繙かれる方は、その行文が正確なる史料に基づくことは勿論、さらに史料に潜む精神を呼び起こし、史実に生命を与へてゐることに驚かれるであらう。世間にあふれる数ある論文の中に、これほど史実を精査し、これほどの熱意をもつて執筆された論文は、果たしてどれほど在るであらうか。本書こそは真の「史筆」と云つてよいであらう。

付け加へれば水戸史学会は、先生が定年退職によつて公務から解放されたことを機として創設された。それは、義公修史の精神に立脚しつつ、我等後進に活躍と研精の場を与へんがためであつた。先生はこの会に拠つて更に活躍の場を広げられた。それは、先生の監修による『水戸史學先賢傳』『水戸義公傳記逸話集』、また著書『新版　水戸光圀』『水戸光圀とその餘光』『水戸學の達成と展開』などに集約され、さらに会員諸氏による研究成果は、水戸の人物シリーズ、水戸の碑文シリーズ、水戸史学選書などに結実した。

平成十七年十月、先生は九十歳を一期として黄泉に旅立たれた。爾来茫々十八年、我らは先生の教を承ける者として、三度この書を世に送る。願はくは先生の志の絶えることなく、若き人々の「観感」を誘はんことを。

末尾ながら、本書の出版にあたつて稿本の入力・校訂に当られた梶山孝夫博士に、深甚の謝意を表すものである。

令和四年二月吉日

水戸史学会の諸氏に代りて　会長　宮田正彦識

まえがき

「水戸学」とは水戸藩に起こった日本学である。それは、欧米列強の勢力がアジアを併呑しようとする情勢の中で、二百数十年も続いた古い体制が、各方面で崩れかかっていた幕末に際して、日本はどうあればよいか、日本人は何をすればよいかを探求して、それを実現しようとした学問である。だから水戸藩の人々は、それを水戸学とは呼ばず、ただ「日本の道」、「神州の道」と呼んだのを、他藩の人々が「水戸学」とか「常陸の学」「水府の学」と名づけたものである。その趣旨も改革を目ざす人々には、これこそ日本復興の原理であるとして共鳴されたものの、現状維持者にとっては体制破壊の危険な思想と受け取られた。だが、その「水戸学」が嫌疑や弾圧を受けたにもかかわらず、しだいに多くの志士の心を動かし、その決死の運動によって時勢を切り開き、ついに王政復古を実現させ、明治維新を達成して欧米への隷属を免れ得たのは、それが日本の歴史に基づき、人間の本来踏み行なうべき道義によるものだったからである。言い替えれば、その学問の根本が、日本の道の伝統を継承したからであった。しかし、その「水戸学」は、水戸藩二代めの藩主、徳川光圀をはじめとして数多くの先人たちが、われわれの想像も及ばない苦心によって探究し、長い年月の間の錬磨を積み重ね、そして、自分一身の生命を賭けて実践してきたものである。したがって、そこに終始一貫した道統があった。

私が恩師、先輩の導きによって、この道統の尊さに目ざめ、学問に志を立てたのはおよそ三十年前のことであった。それ以来私は、未曾有の大戦に遭遇しては銃を取り、敗戦の悲運に際しては鍬を手にし、連合軍の占領下に教鞭をとる身となって、転変する国家の運命と人心の向背をつぶさに見ながら、幸いに迷うことなく流されることのなかったのは、この道統を知るためであった。私は師友の励ましの下、駑馬にむちうちながら、この道統の探究と継承に心を注ぎ、おりに触れて拙文を草した。ここに集めた数編は今から十年前、水戸学研究会の奥野恂邦氏の切なるお勧めに従って同会から刊行したものである。

それから十年の間に、大戦後の体制はしだいに変化を遂げ、ことにわが国の経済成長は、世界を驚かせるに至った。しかし、わが国の史上類のない屈辱の跡は、どんな物質的繁栄によってもぬぐいさることのできるものではない。いな、その傷あとはますます深まるばかりである。とはいえ、物質的欲望に狂奔する現代文明の害毒が、その根本から反省されるに及んで、人々の心はしだいに清々しくも高潔な日本の道統に引き寄せられつつある。道統に目ざめ、道統に帰ることは、今日の日本人に与えられた世界的課題ではなかろうか。再刊の理由はここにあるのである。

昭和四十六年六月十九日

名越　時正

目　次

一　先哲を仰ぎて

知らざりき遠き境の言の葉も
手に取る文の上に見むとは
―西山―

現代の正学
――水戸学を興すに当たって――

一　憂うべきもの

敗戦以来、七年間にわたる占領政策によって、わが国の誇りとすべき美しい精神がほとんど抜き去られてしまったところへ、独立を得てから後、しだいに広まりつつある唯物思想に基づいて、伝統的秩序のいっさいを破壊しようとする革命運動が着々進められつつある今日、日本の真の復興はきわめて困難な状態にある。のみならず、遺憾なことは、復興という言葉すら近年ほとんど耳にすることがなくなったことである。建物や設備は、なるほど着々と復興しつつある。贅沢や享楽は、必要以上に復興した。あるいは、このために日本の復興は、もはや終わったとでもいうのであろうか。

犯罪が多く、法律の無視されることは日々の新聞記事をにぎわわさない日はなく、私利私欲のほしいままに満たされるため、道徳の乱れによって汚されぬ社会はほとんどないであろう。しかも思想的には、あらゆる問題にわたって深刻な対立と混乱が展開されるため、一つの善行さえその実践が妨げられ、停滞妥協か、あるいは衝突破裂に至ることは日常しばしば経験されるところである。国民に道義心なく、理想なく、国に一定の進路が見出されぬことは今日ほど甚だしい時代はない。これをもってしても、わが国の復興が、すでに終わったということはどうしていいえようか。

国の危機はひとり国内のみのことではない。今日の深刻な国際関係の中において、わが国ははたして一個の堂々たる独立国として、その抱負をもち、主張を述べうる立場にあるだろうか。二大勢力の間に立つ国家の立場がきわめて困難危険を内蔵するものであることは、古く隣邦の春秋戦国時代における諸侯国の立場を連想させ、わが戦国群雄の時代とも変わるところがないかに見えよう。一方に従えば他方は怒り、まかりまちがえば併呑を受けることを恐れなければならない。しかも、このような国際情勢の間に立って真に独立国として復活するには、貿易の振興、使節の派遣、文化の交流等よりも先に、国自体が自主的に毅然たる体制を確立し、国民ひとりひとりが自覚をもち、一つの進路に向かって孜々として努力を続ける以外にはない。こうしてこそ、国家内外の問題は初めて解決され、真に国家としての姿は恢復するに違いない。しかしながら今日の日本は、真の独立国家というには程遠いであろう。

しかるに、今日このような国の情態に満足して、その安危を憂えずにいられる者があるとしたら、それこそ深刻な悲しみではないか。私は、かの明治文壇に不朽の業績を残した女流作家、樋口一葉女史の烈々たる憂国の情に接して、今日特に感慨深いものがあった。明治二十六年の冬、当時わずか二十二歳の時の女史の日記がそれである。「十二月二日、晴れ、議会紛々擾々私行のあばき合ひ、隠事の摘発、さも大人げなきことよ」と書き出した女史は、

半夜眼をとぢて静かに当世の有様をおもへば、あはれいかさまに成りて、いかさまにも成らんとすらん。かひなき女子の何事をおもひたりとも、猶蟻み丶ずの天を論ずるにもにて、我をしらざるの甚しと人しらばいはんなれど、さてもおなじ天をいただけば、風雨雷電いづれか身の上にか丶らざらんや。国の一隅に育ちて我大君のみ恵に浴するは、彼将相にも露おとらざるを、日々せまり来る我国の有さま、川を隔て丶火をみる様にあるべきかは。安きになれてはおごりくる人心の、あはれ外つ国の花やかなるをしたひ、我が国振のふるきを厭ひて、うかれうかる丶仇ごころは、なりふり、住居の末なるより、詩歌、政体のことしきにまで移りて、流れゆく水の塵芥をのせてはしるが如く、何処をばとどまる処としらず。かくてあらはれ来ぬるものは何ぞ。外は対韓事件の処理むづかしく、千島艦の沈没も、我れに理ありて彼れに勝ちがたきなど、あなどらる丶処あればぞかし。猶、条約の改正せざるべからざるなど、かく外にはさまざまに憂ひ多かるを、内には兄弟かきにせめぎて、党派のあらそひに議場の神聖をそこなひ、自利をはかりて公益をわする丶のともがら、かぞふれば猶指もたるまじくなん。にごれる水は一朝にして清め難し。かくて流れゆく我が国の末いかなるべきぞ。外にはするどきわしの爪あり、獅子の牙あり、印度、埃及の前例をき丶ても身うちふるひ、たましひわなゝかる丶を、いでよしや物好きの名にたち

て、のちの人のあざけりをうくるとも、かゝる世にうまれ合せたる身の、する事なしに終らむやは。なすべき道を尋ねて、なすべき道を行はんのみ。

と綴った。一女流作家にして当時の内外の国情について、このように憂い嘆き発憤して、道を求め道を行なおうと決心するほどであれば、さすがに当時具眼の士も少なくなかったであろう。その後の発展がこれを証明するのである。しかるに今日、男子にして、ことに青年において、はたして、この烈々たる気概が見られようか。

二　水戸の正学

日本の現状に憤りをいだき、その将来に憂いを持つならば、なすべき道を求め、なすべき道を行なわなければならない。そして、その道は最も正しい日本人の道、不変不朽の正道によるべきであろう。とすれば自らの内にいささかの妥協も遠慮も容認することなく、道を求めるための正学を志さなければならないはずである。

学問とは、本来、人の人たる道を学ぶことであった。しかるに、今日の学問は、その根本目的を失い、学校において講ぜられるところは道を度外において枝葉を飾り、学者といわれる人は必ずしも道を知る達人ではない。かえって今日の学問は邪道にはしり、末節に分かれたために、学んでますます道に暗く、講究されていよいよ道は混乱する。このゆえにわれわれは「正学」の必要をいよいよ感ずるのである。

わが国において、かつて学問の最も盛んであった近世の中で、卓越した学者、優れた学派の多い中に、ことに師承厳正で学統の確固たるものとしては山崎闇斎を祖とする崎門の学統、契沖に始まり、本居宣長によって大成された国学の学統、および義公（徳川光圀）に淵源をおく水戸の学統がある。いずれも日本の学として、俗儒曲学の中に厳然としてそびえる正学であったが、現代の学問がどうあるべきかは、これらの学統の人々が、いかに道を求め、いかに明らかにしたかを謙虚に顧みることから始められねばならない。

ことに、わが水戸の学問は、かつて長州の吉田松陰が「夫れ常陸の学は天下の推す所、而してその老輩碩師皆師承する所あり」と景仰したごとく、義公以来、無数の学者たちが、師道を重んじて謙虚に継承し、しかも発明講究を積んで大成したところである。そして、これらの学者によって大本を確立し、その学問の教えを実行して、国家を堕落と隷属の危機より救った人物は、全国にわたってほとんどその数幾百幾千というを知らぬほどである。水戸の学問は、まさしく日本の正学として今日、最もわれわれの重んじなければならぬところである。その水戸学の眼目、言い替えれば、水戸の学者が最も意を注ぎ、全霊を捧げて明らかにした要点は次の三点であろう。

一、日本の国の古今を貫く真実の姿、すなわち国体を明らかに認識したこと。

二、世界情勢を洞察して、日本のおかれた立場を明らかに把握したこと。

三、内外の情勢にかんがみ、日本の進むべき道をはっきりと見出し、日本人のなすべき道を示したこと。

卒然と見るならば、右の三条いずれも平易単純であって何のことはないと思うかもしれない。しかし、これだけのことでも、今日にあてはめて考えればどうであろう。あらゆる邪説妄論を弁析し、百人百様の異論を統率して世を導くことは、はたして何人にできよう。水戸の学者は世の中に先立ってこれを究明し、一世の昏迷の中に光明を掲げたのである。しかも、水戸は先頭に立ってこの道を実行したのであった。

右の第一の点について最も大きな業績を残したのは義公である。義公の生まれた時代は、日本の歴史も国体もほとんど顧みる者なく、したがって無自覚であり、かつまた無知であった。しかも当時一流の学者たちはただただ隣邦儒説の無批判的紹介に没頭し、かの国に心酔するあまり、わが国を自ら夷狄と軽蔑し、そのうえ幕府に媚びへつらって、その専制支配にひたすら奉仕するありさまであった。したがって朝廷の大権が極度に圧迫されても、これを憤る者はまれであった。義公は、このような時代に国史の研究に一生の努力を捧げようと志し、彰考館を開設して学者を集めた。その結果ついに日本の国体が、かの隣邦支那のごとく、自ら中華と誇りながらも、実は革命の絶え間なき国がらとは同日に論ずることのできない優れたものであることを知ったのであった。それは革命のいまだかつてなく、無窮の皇室をいただく国体の自覚であった。義公は、この道理を明らかにし、大義を誤ることのないように深い用意を施すのである。『大日本史』を著わして後世に勧懲を垂れ、楠木正成を顕彰して不朽の道を示し、『礼儀類典』を編して朝儀の復興を助け、『扶桑拾葉集』に古道の尊ぶべきことを明らかにした。しかも、幕府の圧迫を憤られる皇室にひそかに心を寄せ、誠を尽くした。このようにして明らかにされた国体の根本は、水戸の学問の最大の眼目として、これよりさらに多くの学者によって、いよいよ明らかにされてゆくのである。

第二の問題は、少し時代がくだって、かの田沼意次の弊政その極に陥るころ、ひそかに北方に侵略の手を伸ばしつつあったロシア、また、かの文化文政の頽廃しきった享楽の極盛期に、ゆうゆう太平洋に雄飛せんとしつつあったイギリスの勢力をいち早く洞察して、その意図を探ろうとした木村謙次、藤田幽谷、会沢正志斎たちの努力である。木村謙次は師立原翠軒や先輩の林子平、高山彦九郎によって目を開かれ、自ら数百里の道程を踏破して北海道、千島に渡り、その情勢を偵察すること二回に及び、泰平をむさぼって楽観にふけりつつある天下の眠りをさました。会沢正志斎は、文政七年、常陸大津の浜に突如上陸したイギリス捕鯨船の乗組員を訊問し、一枚の地図と手まねとをもって欧州諸国の情勢、なかでもイギリスのインドを攻略し南海の諸島を制圧して、わが国に迫ろうとする勢いを看破し、翌年『新論』を著わした。ことに彼は偵察、貿易、布教、征服という西洋諸国の常套手段を察知し、重大なる危機を予測して対策を論じたが、それは天下の気楽な傍観者を非難するばかりでなく、幕府の態度をも厳しく警告したものであった。このような情勢判断は、その憂国の至誠より発することはいうまでもないが、その対策を講ずるには根本的な研究を必要とするものであった。

こうして第三の眼目が確立される。道を明らかにして、これを広めることは右に示した二つの眼目から結論される。これは幽谷、東湖の業績であり、その門下とこれを活躍させた烈公（斉昭）の努力にまつところであった。幽谷は、義公の精神とわが国の道統を誰よりも純粋に継承した。しかも内外の情勢のすこぶる危いことを知り、朝廷、幕府の名分を正し、農政を改革し、国防を厳にし、士風を粛清すべきことを論じたが、しかも、これらは一々対症療法をもってしてはいやし得ぬことを知ったのである。そうして、その容易に行ない得ない深刻な病原は、国民の精神的堕落、学問の混迷にあるとして、門弟を切磋鍛錬した効あって、東湖に至ってその志は大きく伸展した。

東湖は、内外に危機をはらむ日本の当面の急務は、国史を貫く道を今日に明らかにする以外にはなく、しかも、その道は時空を越えて普遍する人格の根底であるべきことを考え、内にこの道を確立することによってこそ、国体はいよいよ尊厳、皇室はますます無窮、国民の生活は安定し、外国の侵略を撃攘して国威を輝かすことを期さなければならぬというのである。『弘道館記』はこれに基づいて道の綱領を明示し、その「述義」は、これを詳述するとともに道を具体的に説いたものである。また彼は、このための策を立てて烈公とともに実現を図り、まず、水戸藩から天下にさきがけてその範を示すべく、断固として改革を行なったのである。

このような努力によって、常陸の学は天下の推すところとなった。しかも東湖をはじめ、水戸の先哲は、自己一身の確立錬磨のために日夜研鑽してやまなかった。水戸の学問は実行を主とする。そのゆえにこそ道はまず自己の骨髄に徹せられねばならなかった。自ら道を知らぬ者が天下を論じ、革新を企てることを許さないのである。このため先哲は、古今の人物によって自らを切磋し、非常最悪の場合をおもんばかって志を励ました。栄達、窮迫、順境、逆境を通じて微動だにしない道義の徹底を期したのであった。天下の志士を磁石のごとく引きつけた水戸学の力はこの点にあり、維新の運動に一命を捧げた志士は、このような錬磨をうけた人たちであった。

水戸の学問の眼目を知るには、右に述べた先哲の巍然たる志を継ぎ、学問切磋の真摯さを学び、烈々たる実践の気魄をうけなければならない。現代の正学は、この志なくしては興らず、道はこの努力なくしては求められず、この気魄なくして道を広めることはなおさらできないのである。

三　正学の前提

今日わが国の真の復興に志を立てる者が、その魂のよりどころとして、わが国の先哲を思い、学問の道統を謙虚に受けようとすることはまさに当然のことである。そのゆえに水戸の正学を究明し、興起しようという気運がようやくきざしつつあることは喜びにたえない。しかし内外の形勢は、この道を明らかにするにあたって今後いよいよ困難をきわめることであろう。道の確立をはばむものは、いよいよ勢いを強めることであろう。だが、いささかの卑屈な妥協も、姑息な躊躇も道を求める者の心に宿されてはならぬはずである。ここにおいて正学を学ぶにあたり、われわれの厳に戒めねばならぬ幾つかの点を掲げたいと思う。

第一は、あくまで自己の確立を忘れぬことである。水戸学を郷土の自慢にしたり、売り物にしてはならない。他に対して誇示し、自己宣伝の具に供する下劣な心情は一洗すべきである。自ら深い学問を積まず、自ら道を求めずして、これを広めることがいったいどうしてできようか。

第二、謙虚な態度をもって先哲を仰ぐとともに、自らきびしい切磋を積まねばならぬことである。先哲を真に知る者においては、自ら尊大に構えて安易軽率な批判を下すごときことができる道理はなく、自らの小才僻見を改めずして道を窮め得るはずはないのである。

第三には、徹底した究明を必要とすることである。先哲の苦心と用意は、微細に究明すればするほど、高く深いことが知られる。自ら道を発見するには、直接に先哲の遺著を窮め、行状を明らかにし、時代を知らねばならない。

第四には、どこまでも実行の学として学ぶべきである。水戸学はけっして抽象的な倫理思想でも道徳の綱目にすぎぬものでもなく、先哲の遺著は、歴史学的史料や文学的典籍だけのものとして取り扱われるべきではない。学ぶ者読む者に志さえあるならば、それは今日、当面の問題を判断し、方向を規定する根拠となるであろうし、自己をして真になすべき道に邁進させる力を獲得せしめるであろう。そのときこそ、道は広められるのである。

水戸学はかつて水戸から起こって日本を指導する原理となり、日本の正学となった。今日の正学はまた水戸から起こるとしても、水戸の私すべきものであってはならない。あくまでも真の日本人の当為の道として、また、日本のよりどころとして今日、現代の正学とならねばならぬであろう。これこそ今日の急務である。かの水戸学はけっして時勢に便乗した安易の学問ではなく、逆境を切り開いた先導者の学問であった。今日の時勢にはといって敬遠し、時流に便乗して躊躇するごときは、真の志のないことを暴露するにほかならない。志ある者は、今こそ正学によって道を求め、切磋を積むべく手を携えて進発しよう。

義公の面影

——光圀の自覚と立志に思う——

一　義公への志向

二十年このかた、私の義公（光圀）に対する敬慕の念は、ただに郷土の誇り、近世史の光り、また国史の柱石としてばかりでなく、私自身の心のよりどころとして、また、道を学ぶべき先哲として、常に胸裏を離れることなく、ますます高められていくのを覚える。しかし、それにもかかわらず、義公は私どもの望み得ない高嶺の花か、底知れない深淵のごとく、望んでも学んでも窮め尽くすことのできぬ距離をいつももちつづけてきた。それはもちろん、私の学問の未熟なためではあるが、水戸の学問を知るためにも、幕末史上の水戸を考えるためにも、また烈公や幽谷、東湖、正志斎たち先哲に学ぶためにも、常にさかのぼって窮めなければならないのが義公であることに思い至って、戻っては考え、考えては進んで、いくらかずつはわかりかけたようでいながら、それでもまだ義公には解け得ぬ謎のような何ものかが残るのである。菊池謙二郎氏でさえ「謎の義公」といわれたものを、（注一）と考えれば私にそれが解けないのも当然であるかもしれない。しかし、道をいたずらに高し美しとして、自ら遠ざかることは志の低さを表わすにほかならないと考えるとき、義公をたたえ誇るばかりで、徹底的に窮めようとしないでは水戸学の神髄を論ずる資格はとうていない。

こう考えて自らを励ましているうちに、近ごろ私は、今日までの義公学のあやまちに気づいた。それは、義公を知るためには義公が、あの完成した人格に達するまでの過程をつまびらかにたどっていかねばならぬということである。それも『西山公随筆』や『桃源遺事』、あるいはその他水戸で書かれた言行録だけを、そのままに史料に使ったのでは不十分だということである。義公は自分の思想や意見を著書として残さなかったばかりでなく、必要あって、それを表明される場合でも、ごく控えめで含蓄と余韻に満ちた表現をされた。梅里先生の碑文はおそらく最大の自己表現であろうが、あの謙虚な文章にひそむ含蓄は、幾度反復玩味しても味わいきれないものが残る。それは六十四年の深刻な思索と体験の帰結だからであろう。それをかってな私見を弄して推し測ることは、義公に学ぶゆえんではなかろう。義公を学ぶには、『常山文集』や『常山詠草』をはじめ書簡その他片語隻字といえどもおろそかにすることはできない。このためには『義公全書』の公版の一日も早からんことを切望するのみである。(注二)しかし、文献ばかりでなく、ある意味でもっと大切なのは事跡であり行状である。それは一つ一つ測り知れぬ慎重な用意の結果であるが、しかも文字文章において控え目な義公は、実行実践には驚くほどの大胆さを示された。それはまた、義公の環境、その周囲の人々、時代等をつぶさに見きわめていかねば探ることのできない状態にある。こうして私はこの見地から、いささか義公を考え直すことができはじめた。完成に至るまでの義公が通らねばならなかった道の、いかに苦難に満ち、いかに深刻な学問思索の結果切り開いたものであるか、を知っただけでも私には驚きであり喜びであった。そして、いつのまにか、義公は私にとって達し得ぬ聖人君子というよりは、生涯をかけて教えを求むべき師の姿に変わりつつあるのを知った。それのみか、私もまた、かの佐々宗淳や安積澹泊や栗山潜鋒らの諸碩学、あるいは直接には学び仕え得なかったけれども、ひとしく門流を汲んで師事した幽谷、東湖の諸先哲たちの末席に加えられることが許されるならば、たとえどんな厳烈な切磋鞭撻を加えられようが、あえて、これを無上の幸福として拝受したい気持ちを覚えるようになった。

今、義公薨後二百六十余年という時代に生きる者として、それは容易ならぬ困難を伴うであろう。だが、時代が変わろうが、社会制度が違おうが、人の人格というものに何の変化があってよかろう。国体観念は喪失され、道義倫理の壊乱に陥った今日、義公を学ぶことは、すなわちまた、日本をその危機より救う道ではなかろうか。義公がいつまでも漫遊記の黄門として大衆の人気者にされたり、あるいは百姓の油をしぼった封建大名として、悪意に満ちた曲解をされていることは、今日もはや許すべきことではない。われわれは一歩一歩着実に、そして謙虚な態度で、真の義公を見きわめていかねばならない。ここに私が浅学を顧みず、あえて義公のおもかげの一斑を明らかにしようとする念願がある。

注一　菊池先生は昭和三年東京で開催された義公生誕三百年記念講演会に「謎の義公」という題で講演された。その一は光圀の圀の字、二は藤井紋太夫一件、三は王政復古の説である。（講演集）
二　今年『義公全集』三巻が徳川家から出版された。

二　自覚と立志

義公を知る上に最も重大なこと、そしてまた、義公の生涯の最初の大きな出来事として、私どもは、やはり、あの正保二年十八歳のとき『史記』の伯夷伝を読んで志を立てたことを第一に考えなければならない。このことは多くの書に大書されているところであるが、義公自身は、これについて何も書き残しておられない。そのために伯夷伝を読んで、そのいかなる点に感奮されたのであるか、ということにはさまざまの推察がなされている。兄弟推譲のことといい、武王強諫のことといい、あるいは学問への志向、修史の決意という。しかし、そのいずれを是とし、いずれを非とする理由もほとんど薄弱なものでしかない。（注二）だが、それにもかかわらず、義公のこれ以前と以後とでは別人のごとき違いが見られるのである。これこそ義公の人生の真の出発、第二の誕生であったことは疑うことができない。それは、このことが人としての自覚と、そして、その道を求めるための決然たる立志であったからにほかならない。具体的に推譲のことを見るに、義公が兄頼重を越えて世子に立てられたことについての自省の念は、伯夷伝を読む以前から心中にきざしていたに相違ない。寛永十六年、頼重が下館に封ぜられたこと、翌十七年の叙位、十九年の高松改封等の事実を義公が無反省に見過ごしていたとは思えないからである。しかし、それにもかかわらず伯夷叔斉推譲の故事を知って、自らを「大義ちがひ申す」と責め、兄に譲ろうとしたのは(注二)、道の厳しさをこのときはじめて知ったからにほかならない。兄に譲ることが勢いどうしても許されぬと知ったとき、義公は、兄に対するすまない気持ちと道を踏まなかったことの自責の思いに身の置き場もないほどに苦しんだ。その煩悶が、その後においても何としても道を立てようとする決意となったのである。このことは二つの点で明瞭に立証される。

その一つは、頼重の子を養子に迎えて後を継がせようとする具体的直接的な行動である。義公がこの志を実行するために、どんなに思いつめていたかは結婚の際にまず表われる。義公は、はじめ結婚さえも、このために断念しようとしていたが、父の厳命にそむきかねて、近衛前関白信尋の息女を迎えることになったとき、新妻にまず告げたのは右の決意であった(『桃源遺事』)。その夫人は不幸にも五年めに逝去されたが、決意の通り実子をもうけなかったばかりでなく、その後終生義公は独身を守った。次に寛文元年、父頼房が薨じて封を継ぐにあたって、襲封の条件として兄頼重に固く約束を願ったことは、頼重の子松千代(綱方)を養子とすることだった。それが幕府の公許を得て決定し、綱方を世子とすることができたのは寛文三年の暮である。しかし、これでも義公はまだ安心できず、綱方の万一を恐れて、その弟采女(綱条)までも養子とした。はたして綱方は寛文十年病死し、翌年綱条が世子となった。しかし、義公が真に願いを果たしたのは元禄三年六十三歳で藩主の地位を綱条に譲ったときであった。中村顧言はこのとき義公の直話を聞いて、

十八才の御年思召つきなされ候御志、唯今六十三の御歳御隠居遊ばされ、すきと御願成就の由、御喜び大方ならずとなり。

と『義公遺事』に記していることは、「先生の宿志、是に於てか足れり」との梅里先生碑文の一句とともに、義公の真意をまちがいなく表わしたものであろう。実に四十数年の間戦々兢々たる思いで過ごしたのも、伯夷伝によって人たる道を知り、道に志を立てたがゆえであった。この一事をささいな逸話として軽く見なすことは、義公を知るゆえんではない。

右は著明のことであるが、第二の点は、より重大であるのにあまり注意されていない。それは驚くべき熱情をもってする学問の探求である。これより先、小野角右衛門言員は義公が十三歳のときから傅として補導に当たり、特に儒学を勧めた。(注三) しかし、十八歳までの義公はほとんど関心をもたなかった。それが伯夷伝を読んでからは、全く別人のように自発的に書をあさり、求めては読み、読んでは思索した。自分自身を修めるためにする「己れの学」は、このようにも熱烈なものである。それは早くも立志の翌年、義公の命を受け京に上った人見卜幽が書を捜して、旧知冷泉為景(藤原惺窩の実子)を訪ねて、趣を告げたとき、

さてもわが中将の君なんいにしへをこのめる御心ざしふかくて、なにをひだりにし何を

右にすとかや、朝な夕なつとめてをこたらず、さるべきいとまあれば、やまと歌の道はた心をやりて、我にひとしき人あらん事をおもへり、（中略）さればからやまとあつめ給へる巻のかずかず、むな木にみち牛もあせすばかりなるに、なをあきたらずおもほすあまりに、かゝる文なんさぐり出よとの給ふをいかゞし侍らん……（『扶桑拾葉集』所収「報二源光圀一詩歌序」）

と為景が記しているのを見れば、勤学振りの驚くべき状態を知ることができよう。為景はこのような志に感激すればこそ、これより書籍の提供に全面的な協力を惜しまなかったのである。しかし、右は他人の観察で義公自身の告白ではない。ところが、その翌年正保四年の七夕に際して作った義公の「星夕奉二天孫一詩并序」を読むとき、公自身の真摯熱烈な学問への志向が率直に表明されているのを知ることができる。すなわち公は、当時の人々が七夕に際し、あるいは子を乞い婦を求め富を祈り長寿を願うのと全く違ってまず序に、

余竊かに仁宗の勧学文を読むに、いはゆる無学の人、物として比倫に堪ゆるなし、因りて巻を廃して歎じて曰く、余や今年已に弱冠、而るに学未だ成るを得ず。伏して願はくは二星神を現はし霊を発し、丹誠上達、瑞祥下降して、遂に闒才を闔国に露はし、文章を異域に揮はんことを。（原漢文、以下同じ）

と記した後、

鳥鵲強強橋已に成る、女牛相遇す古今の盟、人は懐ふ富貴長生の事、我は願ふ千秋竹帛

の名（『常山文集』巻八）

と詠じた。二十歳の義公は、富貴寿福もいっさいの利欲もあえて願おうとせず、ただ学問によって道を求め、才名を内外にとどろかせようとの大望をいだいていたのである。ところで、この反省の基となった「仁宗勧学文」とは、

朕無学の人を観るに、物として比倫に堪ゆるなし。若し草木に比すれば草に霊芝有り、木に椿有り、若し禽獣に比すれば、禽に鸞鳳有り獣に麟有り、若し糞土に比すれば、糞土五穀を滋て土民を養ふ。世間無限の物、無学の人に比するものなし。

という痛烈な文章である。伯夷伝を読んで、あれほど深刻に自己の身に反省し、道を踏もうと決意した義公にとって、右の文章は身を切られるような痛烈な切磋として受け取られたに相違ない。何とならば義公は、

学の学たるは身道徳を行ふなり、いはゆる文は道を貫くの器なり（『常山文集』巻二十、書格銘并序）

と学問の目的をはっきりと述べているからである。こうして勧学文を読んで「学未だ成るを得ず」と反省した義公は、これよりいよいよ発奮して志を固めた。同じ年「神農賛」を作って、

民に稼穡を教へ、粒食命を救ふ。粒及ばざる所、薬を嘗めて病を療す、噫嘻大なる哉、農皇の聖たる。（『常山文集』巻十九）

と感懐を述べたごときは、やがて藩主として農民に施すべき道を、こうして求めつつあったこ

とを示すであろう。また、この頃は蘇東坡の詩に共鳴し、韓退之の文に感銘した（『常山文集』）。義公は壮年の頃十三経全部に句読をつけ、文選に和訓を施し、「国語、戦国策、荀子、楊子、韓、柳、欧」など通じないものはなかったといわれ、井上玄桐をして「大名学問にかくのごとく精励なる者有べきや」と嘆賞させたほどであるが、(注四)それはけっして単なる博学ではない。漢学において、「上古の神聖、夫子を俟って名あり。後世の君子、夫子を以って成る」として私淑したのはやはり孔子であった（『常山文集』孔子像賛）。しかも、その教えについても義公はただ一事「仁」にこれを帰約しているのである。義公の生涯も、この仁の一字に帰するは誰しも肯定するであろう。義公は、仁を求むべき道の極致としたばかりでなく、また、孔子の「吾道一以て貫く」という語に感奮して「一ノ説」を作った（『常山文集』巻十九）。否、それをも信条として終生貫くのである。こうして義公は、修身斉家治国平天下の学問を一生深めてやまなかったが、その出発点は、やはり十八歳のときの道の自覚に基づいたのである。

注一　十八歳の自覚を伯夷伝によるとする点では諸書同じであるが、『大日本史』叙は修史の志をこの結果とし、『桃源遺事』、『玄桐筆記』は兄頼重に対する推譲の志、『玄桐筆記』は学問への立志をこのときの決心としている。また、近く菊池謙二郎氏は、『水戸学論叢』の中で、推譲のことはこれ以前気がついていたはずであるとの理由から『武王強諫』の記事による尊皇の立志を重視し、修史も当然、そのために企てられたとされる。

二　中村顧言の『義公遺事』。

三　小野言員のことについては、松本純郎氏の『水戸学の源流』中「徳川光圀の思想」の中で詳しく述べられている。

四　『井上玄桐筆記』。

三　修史の企て

兄頼重への痛烈な良心の苦悩が、一つは家督をその子に譲ろうとする決心と、学問によって道を明らかにせねばならぬという志向となったことは以上の通りであったが、さらに伯夷伝の感奮が修史の志業となったことも事実であった。しかも、より大切なことは、それが日本的自覚に裏づけられ、また、その発展の契機となったことである。いったい、修史の志を立てるということは、当時の状勢を考えるとき、一面容易のようで、実際は容易ならぬ決意を要した。というのは義公が、この年修史を志した動機は伯夷伝に感奮して、ただ「載籍有らずんば虞夏の文、得て見るべからず。史筆に由らずんば、何を以てか後の人をして観感する所有らしめん」(注一)と自覚しただけでなく、おそらく、その時代に高まりつつあった、わが国の修史熱にも側面から刺激されたろうと思われるからである。その主なものをあげれば、一つは幕命による林羅山の『本朝編年録』で、これは義公立志の前年、正保元年に着手されていた。他は尾張義直の『類聚日本紀』で、義直の序によれば正保三年にできている。(注二)そして両者とも一応は革命なきわが国の国体をたたえ、国史の重んずべきことを自覚して企てられた事業であった。羅山も義公にとってはごく近い関係にある以上、義公がこれを知らなかったとはとうてい考えられない。といえば義公の修史も、一面では当時の気運に乗じたとまでいえなくとも、けっして奇抜な企てではなかったろう。

しかし、さらに深く情勢を検するとき、義公の志の卓抜さが初めて諒解できる。何となならば、羅山の『本朝編年録』はけっして完成したのではなく、実は宇多天皇まで四十巻を作っただけで放棄してしまったものであり、『類聚日本紀』もほとんど同様で、光孝天皇までの七十四巻で終わっているのである。その中絶の理由は、いうまでもなくその後の時代が史料の収集、史実の考究にきわめて困難であったからにほかならない。両書とも編纂のできたのは六国史という確実な正史のある時代だけで、それは、なそうとする志あれば何人にもできないものではない。六国史以後は正史なく頼るべき史料の少ない上に、それもあるいは兵火にかかり湮滅してほとんど当時では収集の見込みも立たぬ状態であった。だからこそ、義公の志を打ち明けられた儒臣人見卜幽、辻了的は史料収集の不可能を訴えて賛意を表しなかったのである(『史館旧話』)。それでも義公があえて断念しなかったのは、よほどの決心と自信があったからでなければならない。

まず、史料収集の困難については義公もこれを熟知しておられた。慶安二年二十二歳で『都氏文集補遺』を編纂したとき、義公はその跋を記した中で、

惜しい哉明徳応永の年、嘉吉応仁の際、武人横馳し屢々兵火を経たり、茲により秘府の憲章翰林の典籍、及び諸名家の遺稿、悉く灰燼となり、蕩焉として余すところなし、偶々九牛の一毛を得る有れば、則ち之を匣笥に収め、秘して家蔵と為し、而して徒らに蠹魚の

餌となす。

と、中世否定の口ぶりで嘆じているほどである。しかも、こう嘆じながら志を放棄しなかったことは、この『都氏文集補遺』編纂の事情が物語っている。始めこの都良香の文集という貴重な史料を義公に贈ったのは、かの冷泉為景であった。義公はこれをことのほか喜んだが、惜しいことに、その文集は三、四、五巻を欠いた欠本であった。そこで、その脱漏の部分を公は人見卜幽に命じ、苦心して諸書から集め、ようやくある程度補うことができたので、その遺文を片語隻字も改めず原文のまま集録して、この補遺を作ったのである。(注二)この一事は公に強い自信を与えるに十分だったのではなかろうか。公は、これより無数の史料を収集し整理し、また校訂された。それは文書集から『花押藪』、『鐘銘集』、あるいは諸書の校正本をはじめ、『扶桑拾葉集』や『本朝文集』に至るまで修史の副産物として価値高いものを残されたが、おそらく、そうした遠大な収集校正の端緒は、彼の若き日に求められるであろう。

しかし、さらに忘れてはならぬことは、当時の学界では誰一人成し得ない難業であればこそ、たとえ幾十百年をかけても、幾ばくの費用を要しても断じて成し遂げねばならぬという鉄のごとき意志を義公が固持されたことである。その意志の根元こそ、義公のもつ最も優れたものというべきであろう。私はここに公の日本的自覚、しかも後世の人に道を誤らせまいという慎重な思慮と念願とを見出すのである。

注一　『大日本史』叙。

二　この二書については、『大日本史の研究』中の拙論を参照されたい。
三　『常山文集』巻十九「跋㆓都氏文集補遺㆒」に述べてある。

四　苦難を越えて

立志当時の義公は、俗的には順境に恵まれていたということができよう。その志を最もよく理解し、かつ期待する父頼房を始め、伯父義直、学師羅山、読耕斎が身近にいたし、水戸藩は政治的にも経済的にもすでに安定期にはいっていた。しかも遠く京にあっては、冷泉為景の心からの協力がいよいよ義公を励ました。しかし、その順境は間もなく崩れ出した。慶安三年二十三歳のとき、伯父義直がまず世を去った。義公は悲痛な言葉で誄詞を作り「更に朝儀を考へ、善く国史を読み、廃を興し絶を継ぎ、道の弛むを張皇し」とその遺業をたたえつつひそかに継承の志を偶した（注一）。

それから一年おいて承応元年には、冷泉為景が四十一歳の壮齢で卒した。これは義直の死にまさるとも劣らぬ悲しみであったに相違ない。前に述べたごとく為景の協力は義公にとって、この上ない幸運となりつつあったばかりでなく、ただ一度しか面会の機会を得なかったのに、その交わりは公自ら「金蘭の交はり」と称するほど敬愛と感激に満ちたものであった。そればかりではない。

上下相和して国蔕を固うす　君と官を同うし近衛を職とす
縦然北闕東関を隔つとも　何ぞ異らん朝々玉砌に侍すると（『常山文集』巻九）

という詩は、ある年公が為景に贈った五十六首の詩の一つであるが、そこには皇室に対する深い景仰の誠がはっきりと汲み取れるではないか。官職を同じくして朝廷に仕える神交の友を失ったことは悲しみの極であった。しかし尊皇の誠は、このためにますます深められるのである。（注二）それからほどなく二十七歳の春、義公は近衛信尋の息女と婚儀をあげた。それが世間普通の結婚とは全く違ったものであったことは前に述べたが、この夫人が実は後陽成天皇の御孫に当たることは、重視しなければならない。この縁談がどうしてまとめられたものか、私にはまだ確かめ得ないが、思い当たるのは、かつて義公を養育した三木仁兵衛の妻むさという女性が、前に後陽成天皇の中宮、中和門院に仕えた身であったことである。それはともかく、義公は、この身分貴く文学の才に優れた夫人を心から敬愛していた。しかし、もとより、恋愛や結婚によって志のゆるむ義公ではなかったにしても、この夫人が、わずか四年余りの短い結婚生活の後に病死されたとき、さすがに義公は哀痛の淵に陥った。翌年の正月元旦、一年前を回想しつつその霊に捧げた祭文は切々として胸に迫るものであった。

……ああ死矣、いかんぞ斯くの如くなる。物換り年改まれども、我が愁ひは移ることなし。谷の鶯百囀ずれども、我は謂へり春無しと、庭の梅已に綻びたれども我は謂へり真ならずと。去年の今日は対酌して觴を挙げき、今年の今日は独り坐て香を上る。嗚呼哀しい哉。幽冥長く隔つること。天か。命か……（『常山文集』巻二十「元旦祭二藤夫人一文」）

これを読むとき、義公の面影がはっきりと私どもの眼前に浮かぶ。このような悲しみを越え、いよいよ固い志をもって身を修め、人の世に生きていった義公であればこそ、後世を導く偉大な精神を確立し得たのである。これより先、修史の業はもう実際に緒についていた。明暦三年二月二十七日史局を神田別荘に開き、儒者、書物奉行、館奴等の人事を定めたことは、いよいよ不退転の決意をもって畢生の事業に着手した事を意味する。その年の春、林羅山は没し、その四年後には林読耕斎も死んだ。二人は公の頼みとした顧問格の学者であった。しかし、志の決まった義公にとっては、もう躊躇の余地はない。だが、林読耕斎の死んだ寛文元年、間もなく父頼房が薨じ、続いて生母靖定夫人がこの世を去ったことは、人生の悲劇はどこまで自分をさいなむのであるか、との思いを義公にいだかしめなかったはずはない。しかし、義公はかねてから、この日のいつかは襲い来ることを覚悟して道を求め、学を積んできた。あわただしい変転の中に、今や全く孤独の義公が、藩主としていよいよ学問を実事に施すときがきたのである。

自覚といい、立志という、その機会や動機は求める心さえあれば、いつでも誰にでも得られるはずである。しかし、これをなして、これを貫くこと義公のごとき人物こそ、万世、人の師表たるゆえんではないか。

注一　『常山文集』巻二十「源敬公誄并序」

　二　義公が寛文四年吉弘元常を召しかかえたのは、元常が為景の孫弟子に当たるからであったに相違ない。

西　山

一　晩秋の西山荘

西山は秋がことによい。常陸太田市の町を出て白坂を降り、両側に桃の植えられた道を南にゆくと源氏川にかけられた桃源橋がある。この橋の上に立って川上を見ると、瑞竜、国見の山々をはじめ奥久慈の山々が重畳と連なって、われわれをしてまず、はるかな思いをいだかせる。さらに行けば道は街道からわかれて、田園のある谷あいに入り不老沢のほとりを経て山にかかる。このあたりに幾つかの石碑があって西山荘へとわれわれを導いてくれるのである。

西山荘とは、いうまでもなく水戸義公隠棲の地であるが、公が最も慕った伯夷叔斉の、周の粟を食むを不義として隠れたのがやはり西山（首陽山）といったことにちなんで、公はこの地をことのほか喜ばれて山荘を営んだのであった。公のこの山荘における生活は、安藤為章がその著『年山紀聞』に、

梅里公また常山とも称したまふ、御いみな光圀御あざなは子竜この山に隠居し給ふは元禄四年辛未五月九日になんありける

于時前権中納言六十四歳、それより前に山あひの木をきり、草をかり、土をたひらかにして、松の柱かやが軒端、竹あめる扉、かりそめなる御かまへなり。（中略）この山に入らせたまひて後の詩歌などには西山樵夫ともかゝせたまふ。さぶらふともがらも、あるはとし老あるは病つきて、府城の奉公に堪がたきを、わづかに五、六十人ばかりえらびつかはせたまふ。その人々、私の家居もこゝかしこ谷のくまぐま松の木かげにかりそめながら物きよくしつらひたれば、かの桃源の仙郷もかくあらましとおぼえ侍り、軒ばの山より流るる泉をたゝへておまへの池として、鴛鴨などあそばせ、谷あひの田の面には丹頂の鶴ひとつがひやしなはれたり。おましの左右にはからやまとの書の外は剰物なし。御友なひには彰考館江戸小石川の藩邸にありの学者たち、四、五人づつかはりがはりに参りて、詩歌の唱和あるひは本朝史記、釈万葉集以下御編集の議論どもおもしろかりし年月にぞ侍りし。あるひはまた神職出家のともがら、御領常陸のうちはいふにも及ばず、江戸よりも、近き国々よりも年ごろ御めぐみを得たる輩したひ参りて、学問なにくれの物がたりども聞えまゐらせて、御在藩の御時よりは中々なれむつび奉られける。此の山中にすみ玉ふ事おほよそ十とせに及びて、元禄十三年十二月六日に薨じたまふ。御諡は義公と申す。西山より一里ばかりなる瑞竜山にはうぶり、その儀儒礼をもちひらる。

とゆかしくも述べたように、功成り名遂げた義公が、藩主の地位を綱条《つなえだ》に譲った後、簡素の中にも風雅に富み、閑暇の中にも道を離れぬ十年の歳月を送った所である。それは「希世の名将のかく一たびすませたまへば、後々は名所の数にてぞ侍らまし」と為章の予想したように、爾来二百五十余年、常陸の、否日本の名所史跡として心ある人々の訪れ今に絶ゆることがないのである。私も幾度かこの地を逍遙して、その窮め尽くせぬ情趣に浸りつつ公の人格をしのんできたのであったが、十年前の晩秋に訪れたときの紅葉のあざやかさと、山荘の澄みきった霊気に思いを引かれて、今年もまた、同学の若人を誘い、家族とともにここを訪れたのであった。

山荘の入口に亭々とそびえるのは、紀州熊野から移したという杉の老木、昼なお暗い坂道に、その根の蛇のように地上をはうをまたぎながら茅の門をくぐり、伊豆天城山に産した飛び石を踏んでゆくと、急に眼の前が明らむ。木々の紅葉、果李の実、熟した柿の明るさであった。山荘のかたわらに幾代もの間ひとりこの霊跡を守ってきた岡村氏に案内を乞うてお庭の前庭に出れば、柔らかな芝生を隔てて満山紅葉した奥山に対する。その真下にある池は心字の池と称するが、その心の字を御殿から見るとさかさに掘ってあるのは、心は裏から見ても美しくなければならぬという義公の偶意によるといわれる。池に白蓮が植えてあるのも、もちろん公の深慮を物語るが、今は落葉の浮かんだ水面に、その折れ曲がった茎がおもしろい形に影を写している。芝生の中にある平らな石は、公が毎歳元旦、この上に坐してはるかに皇居のほうを拝した跡である。その皇居の方向に当たって、山水を引いた滝を造られたのは、さて、どういう深意なのであろうか。

二　無ければ則ち無きに随う

さて、向きを変えて御殿の方に眼を移すと、思い起こすのは『桃源遺事』の一節である。

西山の山荘は、とりわき侘たる御事なり。御簷は萱をもて葺るがうへにしばきり（一名いちはつ）と云草生ひ茂れり、御門牆には葛かつらはひかゝり、表のかた斗に、たゞ竹垣一重のみありて其外は山につゞき、御かこひといふもの一重もなし。

御殿の建物は当時のままではない。しかし、百三十年ほど前の再建のとき、ほぼ元と同じに造ったもので、いにしえのおもかげは少しも損ぜられていないといってよかろう。現に御殿には何の囲いもなく竹垣のみ表に面して作られ、竹を編んだ門扉も古書の通りである。そればかりか、御殿の屋根を見上げると、棟の上にはいみじくもいちはつがはえている。玉蘭と浪速梅の枝を透かして見える書斎の丸窓のあたりの風情は、往時の姿に近いであろう。

「御殿」とは、今も付近の人々の呼ぶところだが、その建物は「御殿」というにはあまりにもふさわしからぬ造りである。九畳の居間、六畳の寝室、三畳の書斎、公の起居されたのはそれだけである。もちろん玄関、控えの間、宿直の間をはじめ、昔は間数ももう少し多かったであろうが、壁は土色の荒塗り、ふすまは白無地、柱や鴨居は面皮付きの杉材、廊下の天井はよしずを並べ、長押の釘かくしはすべて海辺のかきの貝がらを用いてある。案内の岡村氏はいちいち懇切に説明して、拝観者の見落としがちな所に意外な公の配意のあることを注意される。たとえば裏玄関から御居室まで、いっさい敷居を設けられなかったのは、百姓たちと分け隔てなく接するためであったという。岡村氏は代々これを言い伝えてきたのであろう。

なかでも最も森厳な感じをうけるのは三畳の書斎である。ただ一つの丸窓に面して桐の机が一つ置かれてあるだけで、壁には何の飾りもないが、ここで『大日本史』をはじめ種々の著述に目を通され、東西古今の書をひもといて神慮をめぐらされた公が、しばし丸窓から前庭の情趣に眼を転じられたとき、どのような感懐が公の胸裏にわき起こったであろう。それにしても、隠棲十か年の公の起居は全くつつましやかなものであった。

西山公御隠居の砌、御宝物并金銀等、及び万の器物、何にても西山へ御携へなされず候、但し御書物は御あづかり候よし、綱条公へ仰られ候て、あまたの御書物共、西山へ御もたせなされ候。

とは『桃源遺事』の記するところである。さらに読んで驚くことには、

西山公、常は御茶の湯も、御好あそばされ候が、すきといふものは、器物の欲出来るもの也とて、御隠居後はふっと御やめなされ候、又御能御仕舞も御止成され候、西山にては、朝夕の御膳も、一汁二菜三菜、尤も淡薄なる粗食を聞し召、御小袖も絹紬ばかり御着し、御常紋も御用ひなされず、丸の内に葵と云ふ文字御付なされ候、御衣服はむかしよりうすき絹の御夜着一ツ、うすき絹の御ふとん一ツのみにて外には何も御用なされず、御隠居後水

戸へ御出又は御旅宿の節は、御身御床のあげおろしあそばされ、御近臣には御かまはせな
　されず候。

というのである。もはや責任のない隠居の身でありながら、趣味も道楽も、衣食住の華美もいっさい求めるところではなかった。それは、隠居に先だって自ら選ばれた「梅里先生の碑」なる墓碑文に、

　声色飲食その美を好まず、第宅器物、その奇を要せず、有れば即ち有るに随つて楽胥し、無ければ則ち無きに任せて晏如たり。

と述べた通りの在り方である。もとより裏山の観月山で月を賞し、春雨に濡れる桜の風情を求めて数里も足を運んだのは、ただ意に適し情を放つにすぎないのである。

時は元禄の盛世、幕府の権勢今やゆるぎなく、親藩水戸の威勢も天下を風靡して水戸の黄門といえば幼児すらその名を慕い、俗に副将軍の名すら起こって、何の恐れはばかるところない水戸義公が、このような僻村に隠れ、このような簡素無欲の生活に甘んじたのは、いったい、いかなる心境のゆえであったのだろうか。

三　水戸様の百姓ならましかば

われわれのさらに驚くのは山荘の建物やその環境だけではなく、公の行状そのものである。公

はしばしこの山荘を出でて領内の農村を回り、農夫と隔意なく交わられた。それも従者を多く従えた公式の巡村ではなく一、二の従者とともに目だたぬように心を配りながら、とぼとぼと山路を歩いて、日が暮れれば所在の農家に宿を借りるというふうであった。西山の所在には往々単身で微行することも稀ではなかったらしい。もちろん、藩主在任の当時から農民の生活には深く心をつかい、その負担を軽くするために浮役(小物成の一種)を免じ、金穀を貸与し、副業を勧め、飢饉に備えるために稗倉を設け、旱水害に対しては堀をうがち溜池を掘り、病者には『救民妙薬集』を版行して配るなど、至れり尽くせりの民政を施した。また、特に豪農の兼併を押え、役人の不当な誅求を厳禁して弱い貧農のために救いの手をさし伸べた。公はことに農民を信頼した。隠居の直前のことであったが、公は郡奉行や手代の行なう検見が往々公正を欠くために年貢の賦課に不公平の生ずるのを発見して、これを憂え、思い切って検見を農民だけで行なわせて申告させようということを案出した。役人たちは、農民は狡猾であるから、正直に申告するなどは夢にも望めないといって口々に反対して諫めたが、公はきかない。あくまで農民を信頼して元禄二年の七月ついにこれを実行することになった。この触書きは今日も現存しており、けっして嘘でも誇張でもなく、

御領中只今迄ハ従二公儀一致二検見一、其上ニ而取付相極候得共、当年相改、其村々之庄屋并組頭神文申付、村切其年ノ出来不出来尤引方まで遂二吟味一、怙依無二贔負一、村々より書付相極判形指出可レ申候云々。

と見えている通り、その年の予想収穫高および控除高を百姓だけで見積もって申告させたのである。その結果は、公が予想した通り、百姓は公の措置に感激随喜して正直に申告したので、年貢の割当てもしごく公正に行なうことができたのである。他藩の農民がこれを伝え聞いて、水戸領の百姓を心からうらやみ「あはれ水戸様の百姓ならましかば」といったのも当然であろう。当時の農民の淳朴さも感心すべきであるが、これは義公の徳でなければできることではない。

それらは藩主としての公の事業であったが、隠棲後の公はさらに徹底している。公は上下の隔たりや身分の差を意識せずに、農民の生活の中に飛び込んでいった。米のとれない地方へ旅したときは、土地の人々の常食とする芋を食し、小作の苦労を聞いては自ら西山の入口に田を借りて、その苦労を体験した。公が通行するのを見て百姓が道を避けたり、仕事をやめたりするのを心苦しく思って自ら回り道をしたこともしばしばであったというが、ときには道ゆく老農にそ知らぬ振りで話しかけて、公に対する農民の深い敬慕の念を聞きとって安心したこともあった。

公はまた、農民を愛していたわるとともに、よく導いた。孝子節婦の話を聞くと、旅のついでにその家に立ち寄っては激励の言葉を与え、そして、必ず金穀を施した。罪を犯す者があっても、無知によるとわかれば必ず罰を免じて教えた。そのような逸話は数限りなく伝えられており、中には真偽を証明することのできないものもあるけれども、今日、旧領内を訪れて至る所に公の遺跡が残り、その筆跡や賜品が現存し、その実効の姿が見られるので、佳話美談はさらにもっと多かったかもしれない。実際傲訴や一揆などは一度も起こっていない。農民はもちろん、物質的に幸福であったとはいえまいが、精神的には義公の恩に感謝を捧げ、これに報いようと努力するとき、清らかな喜悦に浸ったに相違ない。それを真の幸福といわずして何であろう。その感謝の心は、今日まで人々の心の奥に美しくも残り伝わっているのである。

義公の厚い心やりは、農民だけに限ったのではない。武士にも町人にも神官僧侶にも、婦人子どもにも、見知らぬ他郷の旅人にも惜しみなく施された。私の浅学をもっては、あたかも葦のずいから天井を覗くにすぎないが、探れば探るほど公の精神は限りなく高く清く美しい。

四　国を治むるは必ず仁によれ

西山を訪れる者の心に一つの澄みきった霊気を覚えさせ、心を洗い清めることのできるのは、このような公の精神のゆえではないか。公は、それならばどのようにして、その精神に到達するに至ったのであろうか。一言にしていうならば、その求めるところ道にあり、仁にあったからにほかならない。公の伝記をひもとき、行状を考えるときは自ら明らかなように、青年立志の日から公の志したものは「学の学たる、身道徳を行ふなり」というにあり、「人禽を分つ」ものは仁義礼節にあるがゆえに、これを修め人に広めたのである。そのために隠居にあたって綱条に与えた訓戒に「国を治むるは必ず仁によれ」と「必ず」の語をもってこれを戒めたほど、公はここに不抜の確信をもっておられたのであった。

「仁は天の尊爵なり、人の安宅なり」とは孟子の語であるが、道を求めて仁に達し得た公にとって、「第宅器物」の奇も、「声色飲食」の美もあえて求めるところではないし、いかなる人に対しても驕りなく衒《てら》いなく、自然のままに接して共に道を楽しむことができたのである。

しかも、われわれはさらに考えなければならない。道を求め道を行なう者にとっては、物質的、本能的欲望に少しも駆られることなく、弱い者、無知な者に対して懇切丁寧であるとともに、事に臨んでは非常の勇気を奮い、不義不道に対して少しも妥協することなく、敢然としてこれを断行する義烈の精神を必要とする。われわれは、義公がこの西山隠棲の閑居の身において、敢然として奸臣藤井紋太夫を自ら手討ちにして、邦家の禍根を一挙に断った凄烈なる一場面を想起せずにはいられない。また、幕府がその権威をほしいままにして、傲然朝廷を抑圧し奉り、不遜奇怪のふるまいあったにもかかわらず、三百諸侯一人としてその不義を諌める者もないときに、ただ一人皇室の尊ぶべきを首唱し、実際に心を尽くして朝廷のために忠勤を励んだ、その目ざましい精神に感銘せざるを得ない。それのみか、俗儒曲学の世におもねり民を迷わすとき、かの『大日本史』を著わして国体の尊厳を明らかにし、大楠公の精忠を顕彰して、日本人の理想を明らかにした卓識と、不朽の業績に、心からの感激を押えることはできない。

それらは今ここに詳論を省くが、まず、われわれの憂うべきところは、今日封建領主といい、武士といえば、自らは尊大傲慢、華美逸楽の限りを尽くし、厳然たる身分制と苛烈な誅求抑圧をもって農民を虐げたものとする通念が、ほとんど児童にまで及ぼされ、ことさらに農民生活の悲惨さを誇張して、これと対比させ、過去の社会、制度に対して限りない憎悪をかきたてる故意の言動がはびこったことである。そして、たまたま偉大な人格の今日まで景仰せられると見れば、その小瑕を誇張し、善意を邪推して、もって真をうがった観察とするような卑劣な態度が、今や先祖の高く美しい精神を蹂躙し、国史の尊厳を破壊し、ただ一途に反抗と闘争をもって、社会変革に駆り立てようとする革命主義者の隠謀を利しつつあるのである。問題はどこにあるのか。

晩秋の西山に遊び、その山荘の主に学ぶところは、一世の乱離を正し、不朽の興隆をもたらしたその精神でなければならない。

大日本史と彰考館

一　二百五十年の苦心

水戸市街の西南方緑ケ岡という所に、今なお彰考館文庫と称する建物がある。ここは日本三公園の一つである偕楽園から田圃一つ隔てた古樹鬱蒼たる丘陵であって、道は左に円山を見、右に桜山を見ながら三回ほど林間を迂回して登りきるが、その山路は両側に松、杉あるいは桜、楓などが枝を重なり合わせて、今も深い山を登るような思いをいだかせる。この緑ケ岡は義公の最も愛した幽境であって、昔、高枕亭が設けられ、公は江戸から帰国すると必ずここで数日を送られたのである。今も徳川家の邸宅で容易に逍遙することはできないが、私は彰考館文庫で書物の閲覧をさせてもらうため、しばしばこの幽境に四季の風情を楽しむことができた。

ところで、その彰考館文庫は終戦まで常磐神社の東隣にあったが、戦災のために建物のすべては烏有に帰し、蔵書も大半を失って、今日の所に近年新しく再建された。したがって、建物は新しいものであるが、その命脈こそは国史に燦たる光を放つ不朽不滅のもの、これを知らず

現在の彰考館文庫

して、日本の伝統を論じ、文化を語ることは僭越無恥といわなければならない。いうまでもなく義公の『大日本史』編纂はこの彰考館で行なわれたのである。もちろん、その所在は転々として変わった。明暦三年二月二十七日、公がはじめて修史の事業を開始されたとき、館の名称はまだなく、ただ「史局」といわれ、書物の名称も未定であった。彰考館の名称は寛文十二年、史局を江戸小石川藩邸に移転したとき、公自ら杜預の左伝の序「彰㆑往考㆑来」の文字から取って命名したのであった。その後も彰考館は同邸内のあちこちに移され増改築されたが、義公が西山に隠居の後、元禄十一年に水戸城内二の丸に移され、公の薨後、江戸、水戸両館が分置された。やがて幕末に近い文政十二年に江戸史館が廃止されて水戸のみとなったが、明治四年弘道館の一隅に移り、ほどなく偕楽園の東南隅に転じた。明治三十九年『大日本史』の編纂が完結したのはこの場所であった。それから、館は閉鎖されて常磐神社東隣に新たに御下賜金によって文庫が建設され、いっさいの蔵書を保管し、図書館として戦災までそこにあったのである。

私は文庫を訪れるごとに、明暦三年から明治三十九年まで、実に二百五十年の長い歳月、義公の志を貫徹するために、幾多の学者がただ一念、ここに苦心努力を重ねたことを深い感慨をもって偲ばないではいられない。二百五十年といえば、人の代にして七、八代にもなろう。七、八代前の先祖の名前さえ記憶している人はおそらく多くはあるまいが、この時代の世界の変化が実に驚嘆すべきものであり、わが国においても、未曾有の激変のあったことは説くまでもないであろう。そのために彰考館の学者たちの間には、ときに剣を取って国事に奔走しなければならなかったこともあれば、身分も俸給もすべてを失う場合もあった。それでも、学者たちは少しも志を変えず、後輩は先輩の後を継ぎ、弟子は師の教えを守り、子は父の志を継いで、十年一日どころではない、二百五十年を貫き通したのであった。一つの事業にこれだけの年月を費やし、これだけの努力を尽くして成し遂げたものは、わが国にも世界各国にも他に例があるであろうか。『大日本史』を考える場合、まず、忘れてはならないことはこの一事である。

二　列伝体の主眼

彰考館はそのように二百五十年の間、一意専心、日本史の研究と叙述が行なわれた所であるから、戦災前には数万冊の図書が文庫に蔵されていた。かつて水戸の経具師に聞いたことであるが、この人が前に蔵書の修理を命ぜられたとき、館長がいうには、「あなたが毎日一人精いっぱいの仕事をしても全部の図書の修理を行なうには七十年かかるだろう。」と、そして、七十年たてば初めのものは二度めの修理を行なわねばならなくなるとのことであった。

この蔵書には、水戸藩が苦心して収集した古典籍をはじめ、史臣の研究による著書編纂物、あるいは漢籍洋書に至るまで、あらゆる部門にわたる貴重な書籍がきちんと分類して納められており、いわゆる汗牛充棟という有様であったが、今日は惜しいことに、その十分の一を見るのみである。しかし、その現存図書の中に厳然として貴蔵されているのは『大日本史』の草稿本である。もちろん、草稿本にも種々あって、最古のいわゆる旧紀伝は往事火災にあって残らないが、天和以後「易校重修」された『新撰紀伝』をはじめ、後世何回も重修校訂されたものが、手沢の跡も著しく、韋編も幾度か絶たれたのを修理製本して幾百冊か見事に書架を埋めている。

そもそも『大日本史』は紀伝体という史体によって編纂されているので、今日の史書とは全く体裁を異にし、第一は御歴代天皇の御治績を述べた本紀が、神武天皇から後小松天皇まで七十三巻に収められ、第二に列伝といって、皇妃・皇子・皇女の他、諸臣の伝記、それに将軍伝・将軍家族伝・将軍家臣伝・文学伝・歌人伝・孝子伝・義烈伝・烈女伝・隠逸伝・方技伝・叛臣伝・逆臣伝が続き、最後に諸蕃伝があってすべて百十巻あり、第三に志という部門があって、神祇・氏族・職官・国郡・食貨・礼楽・兵・刑法・陰陽・仏事の十項目に分かれる特殊史が百二十六巻あり、第四に、臣連二造・公卿・国郡司・蔵人・検非違使・将軍僚属の表が二十八巻、合計して三百九十七巻となり、目録五巻を加えると四百二巻にも及ぶものである。『大日本史』は始め『本朝史記』とも仮称されたように、『史記』を主とする支那正史の記述法によったものであるが、編年体と違って本紀・列伝という人物本位の歴史が大部分をなしているのが特色である。『大日本史』は本紀において、百代の天皇の御治世を精密に記して皇統の尊厳、治乱の根本を考察させ、列伝には、日本史上の人物二千四百三十余人を選んで詳細に伝記を述べ、歴史における個人の役割を反省させるとともに、さらに価値によって厳然と分類し、読者の自己反省と正しい道への自覚を自然に促すように書かれている。志・表は本紀・列伝ではわかりにくい諸部門の歴史の変遷を明記したものであるが、およそ歴史上のあらゆる問題が、そのいずれかに尽くされているといってよいだろう。

義公はこの『大日本史』の編纂の目標として、

上世ヨリ今ニイタル迄、風俗ノ醇澆、政理ノ隆替、炤々トシテコレヲ掌ニ観ルガゴトクシ、善ハ以テ法ト為スベク、悪ハ以テ戒ト為スベク、而シテ乱賊ノ徒ヲシテ懼ルル所ヲ知ラシメ、将ニ以テ世教ニ裨益シ、綱常ヲ維持セントス。

という抱負をいだいておられ、また、自選の「梅里先生碑」のなかに「皇統を正閏し人臣を是非」することをもって念願とされているが、『大日本史』の記述法は、この念願と目標を達成するために、実に周到な用意が払われている。たとえば、一人の伝記でも不明な部分があり、あいまいな点があってはならぬとともに、間違って史実が伝えられ、誤った判断が通説となっているとしたら、これは大きな悪影響を残すものである。したがって、義公は、まず事実を詳細に調べ、みだりに私観をはさまず、事実を事実として明瞭に記すこと、すなわち「事に拠って直書」するをもって編纂の方針と定められたのであった。

いま『大日本史』の草稿本を見るとき、このために義公はじめ水戸の史臣が、いかに苦心惨憺したかを如実に知ることができよう。いったい、本紀列伝を作るには、まず何人かの史臣が分担して一人ずつの稿本を作り、次に他の史臣たちがそれを見て何回も校正し、対読して清書すると、また、それを他の史臣が検閲して校正するというふうに何回も書き直し、手を入れて完成するのである。後醍醐天皇紀の下巻のごときは、現存するものだけでも七冊の稿本がある。その各冊ごとに稿本筆者、対読者、浄書者の氏名と年月が記されているが、六条天皇の本紀を一冊手にとると、表紙のはじめに、

旧校　人見又左衛門　森尚謙　安積覚兵衛

とあり、中ごろに、

元禄癸酉十二月新校成　酒泉彦左衛門　修　瀬尾林内　書

とあり、さらにその左に朱墨で、

対校起正月廿七日　二月初三畢　左八郎

とあるほか、別の行に、

丁丑五月廿六日　対読　新八　権平　新六

とある。しかも右肩に製本のため綴じられて明瞭でないが、

再校　〇月〇日　〇〇

とあるように、十人の手を経てこの一冊は一応清書されたことがわかる。その後また何回かこ

のような校正がくり返されて今日の本に至ったのであろう。しかも表紙を開けてみると、本文を線で塗抹して朱、黄、藍などの墨で修正した所もあり、上欄に頭書した所もあり、符箋をはって批判を加えたのもあって、初校の筆者には気の毒なくらいに修正改訂されているのである。それが、しかも数百冊に及ぶのであるから、史臣の苦心はもとより、いかに歴史に対して厳正な態度で望んだかを切実に知ることができる。歴史を書き残す者は、このように一字一句、小事といえども無責任な記述は許されない、これは『大日本史』が後世史家に与えた最も厳しい教訓ではなかろうか。

三　史料収集の苦心

しかし、歴史を書くにはいかに明断な頭脳をもった多くの学者が長い年月を費やしても、元来、創作とは違って、史実の究明が根本である。その史実を究明するには、史料の収集、その真偽の鑑定、異本の校合、年代考証、価値の判断などの細微な基礎研究を必要とする。今日では『国史大系』『群書類従』『大日本史料』『大日本古文書』等をはじめ、史料を集成した叢書もあれば、厳密な校訂をすませた古典籍が出版されており、各地の図書館や文庫には貴重書も数多く集められ公開されているし、先人の研究論文も無数に出版されているので非常に便利であるが、義公が修史を始めた頃は、そのような便宜は全く何もない。長い乱世の後とて史料は湮滅し散逸し欠落し破損し、所在もわからぬものが多く、たまたま所在がわかっても所有者は、これを秘蔵してみだりに他見を許さない。そして先輩の研究も乏しく、頼りとする先達もほとんどなかった。だから義公および史臣たちは全く宝を探し出すように、縁故や旧家古跡を尋ねて手がかりをつかみ、言語に絶する苦心を重ねて史書を探り出さなければならなかった。そのため徒労もあり、むだもあれば莫大な費用も要し、その鑑定や考証、校合に長い月日をかけなければならないのも当然だった。

それでも義公の熱烈な念願と史臣の旺盛な活動によって、この前人未踏の大事業は着々と進んだ。その模様は今日残るおびただしい義公書簡や史臣の往復文書に窺うことができる。たとえば、ここに伏見宮家の御蔵書の閲覧を願った義公の書簡を紹介しよう。

それには、

（前略）先年御自分迄申進候通、拙者若年の時より存立、本朝の史記編集仕候、就レ夫旧記共方々に而才覚仕、諸寺社の文書、棟札、過去帳等の物に至迄皆々写取申候、か様の物の内に而史記の考へに成、益を得申事不レ可二勝計一候、願は御所御記録其外少分之文書等迄も拝見仕、其内に而史記に入申事少々書抜仕度と奉レ存念願のみに御座候、何様の御記録に而も全部拝借書写仕度と申事に而は曾以無二御座一候……（彰考館蔵義公書簡、伏見宮家津田杢権頭某宛）

と年来の志を述べ、史料の必要性を説いて、丁重に願い出て、さらに拝借のうえは他言他見なき誓文を立て、ようやくそのお許しを得たのである。このような誠意あればこそ、皇族、公卿、諸社寺はもとより、朝廷官庫の秘書さえも拝覧の勅許を賜わることができた。なかには、義公の志に感激し、一書でも役立たせてもらうことができれば光栄であるとて、進んで協力した東大寺戒壇院のごとき例もあった。

私は先年吉野を訪れて後醍醐天皇の塔尾陵を拝し、帰りに吉水神社の宝物殿を拝観したが、そこで図らずも義公の書簡が陳列されているのを見て深い感慨を覚えた。

その一節に、

此度書籍用事申含家来佐々助三郎と申者其辺へも差越候所　先頃致㆓登山㆒候砌、蒙㆓程々御懇情㆒就中秘蔵の文書記録等預㆓拝借㆒の旨、具相達候、誠以御深志之至、別而祝着申候

とあるように、佐々宗淳がここで秘蔵の文書記録を写させてもらったので、義公が謝辞を述べたわけであるが、公はさらに時服一装を贈って感謝の印としている。こうした書簡は今日でも全国至る所に残り、史料探訪の実際をまざまざと知ることができる。

『大日本史』の史料収集は、こうして、わが国古文書学、書誌学上にも、空前の飛躍発展を招来したが、さらに調べると、それは金石文学、有職学、国文学、考古学、系譜、花押等の研究の先鞭をなした。たとえば先日、私は栃木県那須郡湯津上村（現在は大田原市域）のいわゆる那須国造碑を見学したが、それはわが国最古の墓碑の一つで、かつて那須国造であった韋提が大化改新に際し評督（郡司）に任命され、やがて追大壱の官位を与えられたので、その名誉を子の意

斯麻呂が、銘を作らせて石に刻み、墳墓の上に建てたものである。文武天皇の頃の物と考えられるが、この墓碑は長年土中に大半埋没して知る人もなかった。

それを貞享四年たまたま近村の馬頭村を視察した義公が聞き込んで、さっそく佐々宗淳を派遣して調査させ、以上のことを明らかにし、史料として用いることができたのである。そして、この碑文の解読研究は、後に新井白石、藤貞幹、狩谷掖斎などにより、金石文学進展の気運を作ったのであった。

なお義公は、同時にこの付近の古墳をも発掘して調査させたが、その態度には今日の考古学者もとうてい及ばぬところがある。すなわち、公は発掘物を一々図解記録させると、鏡銘を作ってその由来を記して共に再び墓中に埋め、ていねいに祭典を営んだのである。また例の墓碑を保護するために堂を建て、付近の修験者を堂守として住ませ、さらに、その維持費として田若干を買い与えたというのである。この費用総計九十七両、銭六百九十三文とあり、義公自身二回ここを訪れたと記録にある。私はこのことを書物で知ったが、二百数十年経た今日どうなっていることだろうと内心心配して訪れた。ところが、驚いたことには今日もなお厳重に社があって碑もりっぱに保たれ、笠石神社として神官もおれば例の田もあり、義公の志願は少しも損ぜられていない。義公の周到な心づかい、敬虔な態度に感嘆せずにはいられなかったのである。

『大日本史』の史料は、このようにして収集された。その収集の苦心はもとより、所有者に対し、あるいは史料そのものに対する慇懃丁重な心構え、それは後世の歴史家に深い反省を促させるものである。しかも『大日本史』の他書と異なる点は、本文に一事を記すごとに、その史料出所を明記し、考証の理由を注記したことである。義公は常に史臣を戒めて「大日本史を造る事は其方共の及ぶべき事にあらず。後世に才識抜群の人出て大日本史を撰述せん時に採る様にも成るべき哉」と考えるゆえに「一事一条をも専に御決断遊ばされず、毎時引用の書を御注し」遊ばされたと『史館旧話』は記している。

『大日本史』の編纂が未曾有の長年月を要したのは無理もなかった。義公はあるとき、史臣の過労を恐れて、健康を損じないよう種々慰労の法を講じ、休息の余暇を与えた。そして、

　将又当分遂二成功一候半とて少成共相違成誤候はゞ後世の嘲難レ逃候間、少々延引ニ成候共成程細密に被レ遂二吟味一候様にと存候

と藤井紋太夫に注意させている。

「遅速の幸不幸は天命に委任し候」というのが義公の考えだったのである。

四　義公の願い

さて、『大日本史』編纂過程の苦心は、なにしろ二百五十年の歳月のこと、とても、この小論で述べ尽くせることではない。しかし、そもそもこうした苦心努力をあえて続け、そしてつい

に完成するまで、無数の史臣の奮発激励した理由は、いったい何であったのか。それは義公の切実なる念願、すなわち、わが国の歴史に対する無限の尊敬と、これを永遠に護持しようとする祈りの念であった。いうまでもなく義公が修史の志を立てた動機は十八歳の時、『史記』伯夷伝を読んで道義の尊厳、とりわけ君臣の大義に目ざめたことであった。

それゆえに、わが国の歴史を研究するに従って、いよいよ明らかにされたことは、わが国が建国以来一系の皇室を仰ぎ奉り、烈々たる忠義の士がよく道義を守り、かつて一度も革命の暴虐を許さなかったという厳たる事実である。この大義に感激した義公は自ら皇室に対し忠勤を励み、かつまた、忠臣義烈の士を欣慕して道を求めた。『大日本史』はこの義公の精神を根本とし、後世永遠にこの道を誤ることのないようにとの念願を継承して完成されたのである。

はたして、わが国内外の危機が自覚されるとき、明識の士は、これによって皇室の尊厳を知り、日本人の道に自覚し、ついに明治維新の大業を達成し、近代日本の隆昌を実現した。実に『大日本史』の生命は遺憾なく発揮されたのである。したがって、『大日本史』はわが国の歴史の一大支柱であるといわなければならない。

北畠親房と水戸の学問

――伝統を考える人々のために――

一　伝統

伝統という言葉がおろそかに使われるときは、すでに伝統が危機にさらされているときである。なぜならば、伝統をいたずらに賛美したり、いたずらに非難したりする人々には、往々にして伝統の深い意味を知らぬ場合が少なくないからである。大戦に際して私どもは黙々として伝統に殉じた人々のあるのを知っている。しかし、大部分の国民は伝統を口に賛美するだけだった。したがって、終戦後、それらの人々は、簡単にこれを放棄してしまったのである。伝統の危機に瀕するとき、伝統を考えることは最も深刻でなければならない。私は近ごろ町の文房具店に、有名なドイツのシュテットラー製の鉛筆が販売されているのを見て、何げなく取り上げたとき、そこにドイツ文字で、Tradition と商標が記されているのを見て、少からず驚かされた。日本の商品が世界のあらゆる国々において、その粗悪な品質と高価な値段のために信用を失って排斥され、Made in Japan と記すことさえできず、商標もほとんどすべてが英語かローマ字で書かれているのに対して、ドイツの商品が堂々とドイツ語で、しかも「伝統」と銘を打ち、国号を明記しているとは、何という相違であろうか。同じ敗戦国でありながら、よく困窮に耐え、ストライキも行なわずに、黙々として働いているというドイツ人に、この「伝統」の誇り、それも決意のあふれた心意気があることを知って、私は感動せずにはいられなかった。しかしその半面、このようにドイツ製品がわが国内にまで進出し、日本の産業を圧倒し、また、貿易の将来に恐るべき強敵として現われつつあることを考えると、憂嘆に耐えなかったのである。

ドイツにおいてさえ今日の世界情勢の下で伝統を守ることとは、容易ならぬ努力と勇気を要することであろう。まして日本においては、これ実に決死の志を必要とする。なぜならば、今日の日本においては、ただ個人を思って国家を考えず、新しきを追って古きを貴ばず、権利を主張して自己の責任を忘却する風潮が盛んであるばかりでなく、伝統を知らぬ次代の国民が年々成長するうえに、伝統破壊の攻勢が日を追って激しくなりつつあるからである。赫々たる三千年の伝統は、まさに風前の灯の状態といわなければならない。そのゆえに、おろそかに伝統を口にし、気楽にこれを誇り賛えるようなことでは、とうてい伝統を守ることはできないのである。

しかし、真に深くわが国の伝統を考えようとするには、今日の情勢はかえって有利となろう。というのは、伝統はけっして平穏安楽の間に伝えられたのでもなく、国家隆盛の日にのみ、その力を発揮したのでもなかったからである。たとえば、北畠親房が、明日の生命も期し得なかった常陸の戦陣、死後のなりゆきに悲嘆せざるを得なかった吉野の風雲は、今日の国情よりも、はるかに逆境であったのではないか。そのような悲痛の境にあってさえ、これを死守しようとしたところに、伝統の尊厳なる理由が存するのである。

そしてまた、親房がなくなって三百年の後、その精神は卓越した人物の心を動かし、その遺志は六百年後に実現した。ここにこそ、わが国の伝統のおろそかに唱え得ぬ貴さがあろう。われわれは、このようにして守り伝えられた歴史を、深刻に考え直さねばならない。

二　戦乱の中に守られたもの

戦国時代といえば、群雄覇を争って戦雲の晴れる日もなく、惨忍殺伐、一瞬の油断もない暗黒の世を考えるであろう。しかも、事態はそれのみにとどまらない。その起こりは、『応仁記』の著者の記すように、

只天下ハ破レバ破レヨ、世間ハ滅バ滅ヨ、人ハトモアレ、我身サヘ富貴ナラバ他ヨリ一段瑩羹様(贅沢)ニ振舞ント成行ケリ

という極端な個人主義、利己主義にあった。下剋上の風潮によって、いっさいの権威が否定され、実力の行使によって下からまた下からと破壊打倒されていった。幕府の命令はいっこうに守られず、法律もないに等しかった。学問はすたれて旧事前例は無視され、文書記録は反故となり灰となって、歴史を知るものも寥々たる姿であった。そして皇室さえも、焼け崩れた皇居

を修理したもう費用もなく、即位の大典も御大葬も数年、数十年の延期を余儀なくされる時代であった。後醍醐天皇の高き御理想による建武中興が、惜しくも挫折してからの三百年という歳月は、理想なく道義なき暗澹たる時代であったのである。

このような時代においてすら一脈の伝統が護持せられ、革命の野望が遂げられず、国体の破壊があえてされなかったことは奇跡といえば奇跡であるが、けっして偶然ではなかった。水戸の郊外常澄村（現在は水戸市域）に六地蔵寺という名刹がある。大正十五年より数年にわたって、東京帝国大学の平泉澄先生と当時の国史学科の学生によって、この寺に数千冊の蔵書があることが発見されて調査された。それはかの戦国動乱の世に、兵鼓の音を聞きながら土穴に隠れて書を読み、老眼霞のごときに至るまで書を写した土竜上人恵範の遺書であることがわかった。その数多い仏書の中に混じって、珍しくも親房の『神皇正統記』がかつて確かに存したのである。奥書には、

大永八年戊子六月廿三日　書之　　六蔵寺　恵潤　廿三歳

とあるこの正統記は、おそらく恵範が、その弟子恵潤をして筆写させたものに相違ない。そのときに写した原本にはまた奥書があって、明徳五年（応永元年）に法橋春全が写したと明らかに記されてあった。いったい『神皇正統記』の古い写本には、この六地蔵寺本のほかに白山本、猪熊本など十数種が存しているが、建武中興を挫折させた足利の時代に、この書を写し伝えることはけっして容易のことではなかったに相違ない。さればこそ法橋春全は奥書の中に「汎《ひろ》く之

を流布すべからず、聊爾《かりそめ》に処すべからざるもの也」と記して、取り扱いに厳重な注意を求めたのであった。かくして六地蔵寺の正統記も、代々の住職によって厳重に保管されてきたのである。戦国時代における伝統は、まことにこのような姿であったのである。

やがて信長、秀吉の雄図により、天下はようやく統一されて皇威再び輝いたのも束の間、家康によって開かれた幕府政治は、皇室を極度に圧迫し、これに阿諛追随した林家朱子学の迷妄によって、伝統は再び危地に陥れられた。だが、学問復興の潮に乗じて寛永年中、榊原忠次が親房の関城書を発見し、慶安二年には風月宗知刊行の木版本『神皇正統記』が世に出るに及んで、これらの書のもつ偉大な力は、心ある者の眼を開かせずにはおかなかった。それはまさに京に山崎闇斎、江戸に山鹿素行、水戸に義公光圀など不世出の哲人の現われるべき転機であった。

三　栗山潜鋒の継承

一世の風潮になじまず、国史の研究に志を立て、時の権威を恐れず、これを『大日本史』に直書したのは義公の功業である。義公は学派のいかんにかかわらず、識見ある学者を集め、都市僻村を問わず、埋もれた史料を集めて史実を詳細に窮めた結果、三百年の迷妄を破って吉野朝廷の正統を確証するに至った。それればかりでなく義公の心は深く吉野の君臣のうえに寄せられた。こうして、ついに後醍醐天皇の御理想ははじめて暗雲を破って輝き、忠臣の至誠は巌壁を貫いて流れたのである。「嗚呼忠臣楠子之墓」の碑が、その後真の日本人として生きようとする者にとって、いかに大きな道標となったことか。しかもわれわれが、さらに眼を開いて歴史の奥底を見きわめていくとき、伝統の復興と護持がいかに真剣な努力と周到な用意をもってなされたかを知ることができる。

ことに私が深く感銘するのは、水戸学派の先哲が北畠親房に寄せた限りない景慕と、その遺著に対する深い研究である。私は前に戦国時代の暗黒の世に『神皇正統記』がどのように写し伝えられてきたかの一端を述べた。驚くべきことには、この書物が水戸において『六国史』以後、空前絶後の史書として、その価値を認められたのである。ことに、それは水戸学派中の真の学者、その時代の第一人者において最も著しい。まず、その一人栗山潜鋒を見よう。幼少より崎門の正学に鍛えられた彼は、水戸に仕える以前、すでに天才史家としての卓識を遺憾なく発揮していた。十九歳のとき侍読として仕えた同年齢の八条宮尚仁親王のために筆をとって献じた『保建大記』は、彼の最も心を傾けた著述である。われわれがこの書を読むとき、その純粋な国体の自覚といい、その明快な道理の判断といい、これが十九歳の青年のなすところかと驚嘆せずにはいられない。しかし、この見事な精神こそは、かの『神皇正統記』に対する謙虚にして透徹した研鑽によって得られたことを知り、はじめてその基づくところが明らかにされた。私は近ごろ、彼が少年の日より座右に置いた慶安刊本の正統記を見て、このことを如実に感じ得たのである。その書中、国体の根本というべき条々、皇統一姓、三種神器、華夷の弁等にわたって力強く打たれた朱点、研究によってさらに深められた事実や参考とすべき意見を記した書き入れ、あるいはまた他本と校合し、異書を調べて記した奥書など、彼が『保建大記』を記すに先だち、また水戸の彰考館にあって、『大日本史』を書くにあたって、この書を依拠として根本を養った姿が眼前に浮かんでくる。はたして『保建大記』を見れば、諸所に「北畠親房曰」として正統記の説を引くばかりでなく、

躬三器を擁したまふを以て我が真主と為すに至ては、則ち臣鬼神に要質して疑ふ無く、百世其人を俟つて惑はず。

と述べた確固不抜の信念は、全く『神皇正統記』を絶対の依拠とするがゆえに道破し得たところであった。この『保建大記』あるがゆえに、よく鵜飼錬斎の推薦するところとなり、水戸に仕えたとすれば、義公の眼識もまた卓絶するというべきではないか。はたして彼は義公の最も信任するところとなり、義公の抱負は余すところなく彼の筆によって表わされたのである。

四　藤田幽谷の自覚

しからば栗山潜鋒が三十六歳で没した後、その精神はどうなったか。ここにもまた伝統の尊厳に驚かざるを得ない。何とならば、義公がなくなり、潜鋒が没して後、水戸藩は俗塵の中に沈むことほとんど百年に及び、内に経済の窮迫と道義の頽廃があり、外に西洋勢力の接近にもか

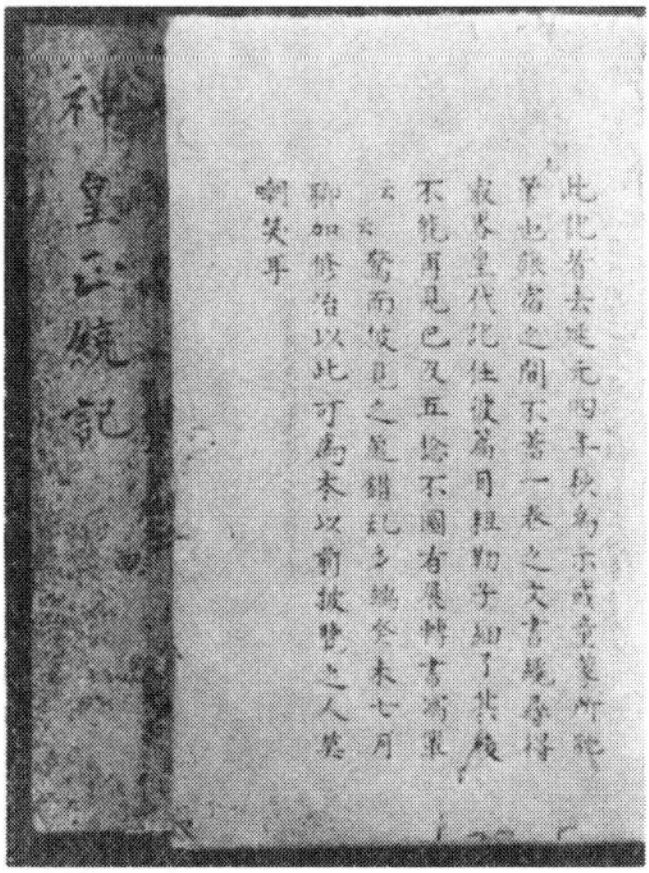

幽谷の書き入れのある
彰考館本『神皇正統記』

かわらず、覚醒することなき無気力の日が続いた。『大日本史』編纂の業すら停滞しつつあった。しかし伝統は滅んだのではない。古着商の次男に生まれながら、抜群の才識によって彰考館に登用された藤田幽谷は、十五歳の頃かの『保建大記』を読んで発奮し、志を立てて読書日に倍するに至った。潜鋒の志を継ぐ者はこの少年にほかならなかった。やがて幽谷は『保建大記』の導きによって『神皇正統記』を読んだ。そして十七、八歳のとき、幽谷はもっぱら国体の根本について研究を始めたのである。その成果は『天皇考』となり『幽谷随筆』の一文となり、寛政三年の『正名論』に至って結論に達した。この『正名論』が幽谷の国体論の最も透徹した表われであり、彼の思想の根本をなすものであることはいうまでもなかろう。その始めに、

赫々たる日本、皇祖国を開き給ひてより、天を父とし地を母とし、聖子神孫、世々明徳を継ぎて以て四海に照臨し給ふ。四海の内之を尊びて天皇と曰ひ奉る。八洲の広き、兆民の衆《おほ》き、絶倫の力、高世の智有りと雖も、古より今に至るまで、未だ嘗て一日も庶姓の天位を奸する者有らざるなり。君臣の名、上下の分、正且厳なること猶天地の易ふ可からざるがごとき也(もと漢文)

と論じた精神は、これこそ『神皇正統記』によって学び得たところであった。その証拠は『天皇考』の論拠に正統記を掲げ、『幽谷随筆』にまたこれを引くばかりでなく、かの六地蔵寺に蔵する正統記を調査して、彰考館本と委細にわたって校合を行なったのが、実に『正名論』の成る前年、すなわち寛政二年秋のことであったからである。彼の校合した彰考館本は今も同館に現存して、その努力の跡を後世に伝えている。彼は、この根本精神によって外患を打開し、内憂を払うべく尊皇攘夷の論を唱え、また、義公の精神を継いで『大日本史』編纂の業を進め、私塾、青藍舎を開いて教えを門人に伝えるのであった。

幽谷の門人が正しく師の志を継いだことは、たとえば、会沢正志斎の『迪彝篇《てきいへん》』において、あるいは吉田活堂の『声文私言』において、国体を説くに必ず正統記によっていることでも明らかであるが、最も重要で忘れてならないことは、水戸藩教学の眼目であり、かつ、天下の道標として記された『弘道館記』が、また、正統記にその根底をおいていることである。いうまでもなく、それは藤田東湖の畢生の事業であったが、彼は、これを烈公の命によって起草するに先だち、天保三年二十七歳のときから足かけ四年の間、神道の研究に専心し、その結果は未完成ながら『神道備考』なる書となった。これを著わすにあたって、彼が深くその根本態度を確立し得たのは、ほかならぬ『神皇正統記』の教えであった。すでに昭和二十年の戦災で烏有に帰したが、かつて彰考館に蔵せられた『神皇正統記』は彼自ら朱点を打ち、書き入れをしたものがあって、その書き入れが、そのまま『神道備考』の中に織りこまれていることによって明らかにされた。すなわち東湖は、わが古代史について親房の所信をそのまま受けて、いたずらなる牽強付会の説を認めず、率直に古典を直視すべきこと、古典を直視するとき、古代はけっして人知をもって測り得られぬものがあるにもかかわらず、皇統の厳として守られた理由は、道徳の存在にあったこと疑いなしというのである。彼が神州の道の盛衰によって国史の浮沈を考え、現在至急の問題は、この道を明らかにし、この道を広めるにあると断言したのは、この理由によるのである。『弘道館記』はその趣旨を明らかにし、『弘道館記述義』はそれを詳述したものである。

しかも東湖の学問の根本は、父幽谷から受けたのであるから、彼の『神皇正統記』に受けたところは、いよいよ深いことが知られるであろう。

潜鋒より幽谷に伝わり、幽谷より東湖に至って完成して、天下の推すところ、志士の競って教えを求めるところとなった水戸学の神髄が、明治維新への最も大きな指導精神であったことは世に明らかなところであるが、その道統の支柱骨幹となすべきものに『神皇正統記』があったことは実に右のとおりである。三人の先哲の手沢の残る正統記を見れば、この事実を疑うことはできない。

五　水戸学派と伝統

しかも、われわれはただそれだけに驚くばかりではない。先哲が親房を景仰してやまなかったのは、正統記の文面のみでなく、実にこの著わされた時と所と、そして、この親房の苦衷悲願を思うのあまりであった。天下みな足利の勢いになびき、皇統まさに風前の灯というべきとき、水戸の府城を離れることわずか十数里にすぎない小田、関の城にあって、老齢を顧みず、いな、明日を知らぬ一命をあえて惜しまず、皇統護持の悲願をこめて筆をとった親房の心境、ここにこそ先哲の涙は流され、血は躍動したのであった。だから潜鋒は、正統記よりも関城書を読んでその至誠に感泣し、ここにはじめて正統記の精神に心眼を開かれたと述べ、幽谷は、その没する数か月前、わが国の将来に深い憂いを残しつつ、

中院源一位、南北騒擾の際に在り、崎嶇間関吾が常陸に寓す、忠貞の節、百折撓まず、身は外に在りと雖も心は王室に乃す、廼ち正統記及び職原鈔の作有り、其の国体を存し廃典を修する所以のもの、千古寥々、絶無にして僅かに有り。

と追慕した。また東湖も「国体を明かにし名分を正し神州の亀鑑たり」と親房をたたえるとともに、その精神を再び奮い起こさなければならない、と考えたのである。

伝統をその最も危機に瀕したときに守り抜こうとして、生命を捧げた貴い忠烈の精神は、伝統を思う者をして、いよいよその尊厳を感銘させずにはおかない。そしてまた、その尊厳に感銘する者は、ここに、今日の国情の中に、伝統を断固として守るべき勇気をいだかせずにはおかないであろう。

藤田東湖と水戸の学風

一　百年をへだてて

　幸いにしてわが水戸は、優れた精神、卓越した見識、深遠な学問、剛壮の気魄をもって偉大な事業を成し遂げ、国運を打開した数多くの先哲を輩出した。なかでも藤田東湖は、ひとり水戸先哲の中で比類のないばかりでなく、当時、全国の英傑たちが口をそろえて景仰し心服してやまなかった偉大な人物であったことはいうまでもない。その東湖が没して今年でまさしく百年にあたり、これを記念して東湖をしのぶ機会を得たことは、われわれが今日進むべき道を探求し、祖国のあるべき姿を考慮するうえに、またとない天運ともいうべきであろう。

　もとより幕末第一等の人物と仰がれ、歴史にそびえ立つ東湖の真価は、とうていわれわれの浅学をもっては片鱗をうかがうことさえ容易ではあるまい。しかし、その筆跡に接し、その遺著をひもといてさえ、非常の難局に際して少しも迷わず、確固たる信念をもって一世を指導し、日本の理想を指し示し、人心を興起させた東湖の精神と気魄に、百年の隔りを越えて啓発されずにはいられない。ことに日本人の道を明らかにすることをもって一生の念願とされた東湖が、筆をとって書き残された文字は、後世不朽に伝えて、たとえいかなる事態に陥っても断じて外国の支配に属し、古来の美風を捨て、彼の風習に蹂躙される憂いなきことを期した警世の準則であったことを思うとき、今日、その霊前に慙愧して跪《ひざまず》かなければならないであろう。と同時に、今日こそ、われわれが日本の光輝を挽回するために、東湖の言行を明らかにして教えを求める好機とすべきではないか。

藤田東湖銅像（茨城県大洗町）

二　道統を受けて

東湖は文化三年三月十六日、水戸梅香の邸に生まれ、安政二年十月二日、すなわち今より百年前に江戸小石川の藩邸内で没せられた。その時代は、国内においては、松平定信の改革が挫折して封建制度の弊害が諸方面に現われ、財政は年々窮迫し、士風は頽廃し、農村はことに救いがたい荒廃に陥っていた。しかも国外の情勢は急速に変化し、長い間鎖国政策をとって平和を謳歌していたわが国は、ロシア、イギリス、フランス、アメリカなどの欧米列強の勢力に周囲から迫られ、着々と植民地化ないし属領化されつつあったアジア諸国の中で、全く孤立無援の状態にあり、独立の維持さえ困難を予想される危機に陥りつつあった。この間、東湖五十年の生涯は、ときに動静緩急の差はあったとしても、幾度か死を決し職をなげうって祖国の危急を救おうとする熱血の努力、不変の至誠によって一貫された。ただ、しいてその生涯を区画すれば次の四期となる。その一は父幽谷の膝下に親しく薫陶を受けた二十一歳までの修学期、その二は烈公を助けて回天の事業を成し遂げた十七年間の躍進期、その三は事挫折して幽閉の身となり、学問著述に没頭した十年間の沈潜期、その四は再び烈公とともに祖国の難局を背負って立った雄飛期の三年間である。われわれは、それぞれの期間に、それぞれの場合に、その言行から深い教えを受けるが、まず第一に、彼の一貫した精神をつちかった母胎である水戸の道統に思いをいたさなければならない。

いうまでもなく義公の高邁な精神に源を発し、代々の藩主、藩士はもとより庶民に至るまで、いやしくも学問に志す者が相うけ、脈々二百数十年にわたって研鑽を重ねて築き上げた水戸の学風は、近世史いな、わが国の歴史を通じての偉観であり、尊い精神的遺産である。しかも、その学風が一貫して熱烈な愛国心と人格の向上を求めてやまぬ純正真摯なものであればこそ、全国各藩の有志は競って水戸に遊学し、師を求めて教えを仰ぎ、共に非常の難局を打開して理想実現に努力した結果、輝かしい明治維新の大業が成し遂げられたのである。嘉永四年、憂国の情押えがたく、あえて脱藩して水戸を訪れた吉田松陰が、会沢正志斎、豊田天功等の師によって、はじめてわが国の国体に眼を開いたとき、彼は「身皇国に生れて皇国の皇国たる所以を知らず。何を以てか天地に立たんや」と述懐して、ここに日本人として自覚した喜びを表明したのであった。そして、松陰はやがて、後輩、赤川淡水に常陸遊学を勧め、その送別に際し、

夫れ常陸の学は天下の推す所、而して其の老輩碩師皆師承する所あり、今淡水遠く往きてこれに従はんとす。固より以て其の学の蘊を尽さんと欲するなり。嗚呼淡水師道を慢ること勿れ、私見を立つること勿れ。取捨去就唯先生にこれ聞かば、則ち古道及び難からざるなり。（もと漢文）

との言葉を贈ったのである。水戸の学問が永年の錬磨を重ねて天下の推すところとなった根本は、師弟相承の態度にあることを見抜いて、これをもって道を明らかにする学問の要訣とした松陰は、さすがに優れた求道者であった。われわれが今日の道統、いな、日本の道統を究明するに際しても、まず第一に先哲に対する厳粛な師道の確立が緊要であろう。

それにしても、いよいよ深い景仰の心をもって遺徳を仰ぐべきは、水戸の学風の淵源を開いた義公その人である。義公は確かに江戸時代に卓絶する名藩主であった。人々の境遇を深く思いやって救済保護の道をくふうし、しかも単に救済保護にとどまらず、人としての道を教えて自ら正道に生きるよりどころを与えたこと、公衆の福祉を図る政策にしても、ただ一時の人気

とりでなしに、永遠の将来にまで心を用いて、人目につかぬ用意を施したことなど、数多く伝えられる言行や事業は、詳細に研究すればするほど、われわれの心をうつのである。それは公が藩主であるという地位よりも、人間として踏むべき道に徹した仁の人であったからにほかならないであろう。しかし、義公の卓絶した偉大さは、けっしてそれだけにとどまらない。仁政において優れた事業を残した大名は他にも何人かあげることができよう。義公が、それらの名藩主と同列に比較できないゆえんは、実に日本人として、また日本の学者としての見事な見識にあった。その点においてこそ、義公は日本歴史を通じても比類少ない地歩を占めるのである。しかし、そのような見識は、一朝一夕に得られたものではなく、また、時代の風潮や流行に従ったものでもない。

義公の生きた時代は、戦乱が始まって二、三十年を経、世の中は平和を楽しんでいた。その半面、しだいに奢侈と享楽の弊が財政の困難と士風のゆるみを招きつつあった。また、当時は幕府の学問奨励によって、特に儒学の隆盛は学芸復興の気運をかもしだしていた。しかし、学者という学者のほとんどすべては、支那文化に随喜の涙を流して、盲目的にこれを信じ、わが国に対しては至って無関心であるばかりか、かえって卑下し侮る風潮さえみなぎっていた。また、政治をみれば、幕府の権威は牢固として確立され、何者もこれに抗することは不可能となっていた。そして、皇室は信長、秀吉の誠実な奉仕とは似てもつかぬ徳川氏の政策によって厳しい監視と抑圧をうけ、代々の天皇はひそかに痛憤を押えられる有様であった。

ここに当代の重要な問題があったが、これらの点に憂いをいだき、憤りを発する人物は暁の星のように少なかったのである。義公も幼少の頃は、そのような風潮の中で伸び伸びと成長したが、十八歳のときに読書から得た反省自覚は、生涯を貫く真実の人格の出発点となった。ことに一生の事業として企てた『大日本史』の編纂は、人格完成の学問修行とともに、当時の学者、識者のほとんど忘れ去っていたわが国体の尊厳をはっきりと把握する動機となった。すなわち、歴史を通じて一度も革命の惨事をみなかった理由、そして皇統の厳として守られてきた根本の理由、それを知ったときに、義公は日本人としての誇りを感じ、そこに自己の道を見出し、同時に現実の状勢を批判する力を得、将来を憂えてなすべき任務を自覚したのである。その批判と自覚に基づいて『大日本史』の編纂は進み、大楠公が顕彰され、『礼儀類典』『扶桑拾葉集』『神道集成』あるいは『釈万葉集』も編纂された。そして、至誠を皇室に捧げてひそかに御心を安んじ、士民に尊皇を教えて道を誤ることのないように導き、学者を招いて正学の基を築いたのであった。水戸藩が後世までも、この義公の至誠と見識に導かれ、世々多くの優れた人材を生んで、脈々としてその遺風を継承したことは、まことにその徳沢によるものである。

なかでも、義公の精神をおよそ百年後に正しく受け継いで復活し、天保期の水戸学風の基を築いたのは藤田幽谷であった。われわれは、水戸城下の商人の次男という身分に生まれた彼が、抜群の才覚をもって史館の一員に登用された天性の持ち主であったとはいうものの、真に日本の国体に目ざめた動機が十五歳のときに『保建大記』を読んだ感激にあったことを思うとき、わが国の、そして、水戸藩の伝統の力のすばらしさに感嘆せずにはおられない。何となれば『保建大記』こそは、義公周辺の学者中、最もあざやかな義公精神の発揮者であった栗山潜鋒の主著だったからである。自覚以後の彼の学問は、無数の図書を蔵する彰考館の恵まれた環境のなかで深い研鑽を経て急速に伸びた。また、その人格気魄は、高山彦九郎や蒲生君平という非凡な憂国の士に磨かれていよいよ高められた。そして、わずか十八歳のとき、老中、松平定信の求めに応じて作った『正名論』は、その学識の見事に発揮されたものであった。しかも、幽谷の求めたものは実用の学問であったから、当面の問題に妥協なく取り組んで、窮乏した農村の復興、危機に瀕した財政の立て直し、外国勢力の切迫に対する国防の整備等に全力を注いだ。しかし、太平の惰眠に慣れた人心は、彼の真摯な努力をはばみ、腐敗した門閥、姑息な有司たちは彼の志を解し得ず、かえってこれをさえぎった。しかも、内外当面の問題は、局部的な改善をもってはどうにもならぬほど深刻な場面に陥りつつあったから、彼の考えは藩はもとより、日本全体の抜本的改革に向かわざるを得なかった。しかし、文政九年五十三歳をもって、その念願を果たすことなしに永眠した。

幽谷は、史館総裁としても修史事業のうえに大きな足跡を残した。それにもまして絶大な影響を後世に与えた事業は、私塾、青藍舎における門人の教育であった。われわれは歴史の中に展開するさまざまな事態が、ひっきょう人物のいかんによるものであったことを思うたびに、教育ほど大切な仕事のないことを痛感する。天保期の水戸の隆盛を築き上げたものは、実に彼の熱烈な指導薫陶を受けた人々の力であったからである。

その門弟は多いが、卓抜した者をあげれば、学者に会沢正志斎、豊田天功、吉田活堂、杉山復堂らがあって、それぞれ師の学問を推弘し、藩吏には川瀬教徳、秋山盛恭らの人物が至誠を尽くして実事に施した。しかも学問といい事業といい、先生の遺志を最も正しく継ぎ行なった人物は、何といっても一子東湖に勝る者はなかった。すなわち東湖の精神は、直接には父幽谷の教えにより、間接には、義公以来の水戸の道統によって養い育てられたのである。

三　立　志

幼少から青藍舎の講義や会読の席に列し、日常は父の家庭教育を受けて育った東湖は、父の学問思想から志業に至るまで他の門人の誰よりもよく知り、よく理解したに相違ない。青藍舎の教育が国体を明らかにして日本人の当然当為の道を求め、広く世界情勢を究め、古今の人物を評論して識見を高め、それぞれの性格の長所を発揮させるにあったことは、会沢正志斎の『及門遺範』によって詳しく知ることができる。東湖がこのような父に朝夕仕えると同時に、また師として教えを受けることができたことは、このうえもない幸福であった。

このようにして彼は道を学び、志を磨いたのであったが、しかも自ら真実に志を立てたのは、その幸運の日にあったのではなく、かえって最も悲運の際においてであった。幽谷が重い病に陥ったとき、東湖は江戸に出て知人の家に寄宿し、学問と武道に励んでいた。そのため、急報に接して飛ぶように水戸に帰ったが、臨終には間に合わず遺言も聞けなかった。ただ、それより数日前に伯父の急逝にあって寸時水戸に帰った際、彼は父から次のような教訓を与えられた。

文武の道は相待って用をなすもので、かたよって一方を廃しては何にもならない。お前は世の役に立たぬ腐れ学者になってはならない。また、それかといって技だけ達者な剣客などになってくれるな。

東湖は、この言葉をありがたく承って江戸にのぼったが、それが遺訓となったときに彼は、この言葉を涙ながらに反省して、亡き父に志を誓ったのである。それは二十一歳になった東湖にとって痛烈な戒めであった。彼は父を思うごとに、絶えずこの遺訓を回想して、文武兼備の人物となるよう自ら鍛錬切磋を積んだのである。

文武一致は学問事業の合一とともに、彼の人生の根底に確立された。しかも、その文も武も学問も事業も、父幽谷が一生を貫いて錬磨し念願したところ、これを継承し実現する以外に父に報いる道はない。文武一致、学問事業の合一とは父の学問を大成し、父が果たし得なかった志を達成しようとする固い決心となったのである。

彼は家督を継ぐと彰考館編修に任ぜられ、名実ともに父の遺業を引き継ぐことになったが、それからの活躍が、父の遺訓によって決然と志を立てた現われであったことは、細かに見るとき自ら明らかになる。しかし現実の社会は、純粋に理想を追求してきた彼にとっては、あまりにも堕落し濁りきっていた。藩の重臣層は金力にあやつられて享楽に耽溺し、農民は貧困のために没落に瀕し、武士は都市の風に染まっていよいよ無気力に、そして、ますます生活難に苦しんでいた。幕府には粛清革新の力なく、藩は崩壊に瀕していた。しかも、対外事情の切迫による重大な困難は年ごとに差し迫ってきつつあった。彼は、このような情勢を人に先んじて憂慮し、その原因を究め、対策を考えて少しの妥協も楽観もせず、あくまで至誠をもって正道を立てようとするのである。相続の翌年、シーボルト事件が勃発した機会に、彼はただちに藩主、哀公に意見書を呈し、

国家太平二百余年、紀綱日に弛み風俗日に衰へ天下の勢駸々として危殆に赴き候

と現状を率直に批判した後、今となっては姑息の手段を廃し、非常の英断をもって幕府に建議し、「中興一新の大計」を確立断行されるべきであると大胆に主張した。その述べるところの大計は、彼自ら「先臣の遺訓」に基づくところと記しているとおり、幽谷の一大念願は今や東湖によって継承されることとなったのである。しかし、藩主も重臣も彼の意見に耳を貸さず、その決意は全く無視された。ここにおいて彼は、時期の未だ熟さぬとみて策を変え、身近な史館の粛清から手をつけようとして、青山総裁に五か条の意見を提出した。自らの職を賭しても義公の精神を復活して、修史事業を正道にもどそうという烈々たる見識と気魄は、はじめて世人にその人物の真価を認めさせる端緒となった。しかし、ほどなく水戸藩は重大な転機に直面した。文政十二年、藩主哀公が重体に陥ると同時に、年来、幕府に接近して私欲をほしいままにし

てきた一部要路の人たちが、ひそかに将軍家斉の子を新藩主に迎えて、自己の地位を保とうとする陰謀が発覚した。かねて、これらの奸臣を一掃して粛清を断行しようと機をうかがっていた清廉の士は、一斉に起ち上がって、その謀計を粉砕し、哀公の弟で当然、後継者であるはずの景三郎を擁立するために果敢な運動を起こした。その景三郎こそ後の烈公斉昭であって、幼時より会沢正志斎や吉田活堂の補導を受け、正学によって鍛えた見識とたくましい実行力とは、中興一新の大計を実行すべき絶倫の英主として、当時高く期待されていたのである。東湖がこの機を逸せず、若年ながら正義の士の中心となって、決死の奮闘をしたことは『回天詩史』にいきいきと記されてある。幸いにして奸計は破れ、烈公は九代藩主の地位についた。それは全国に先がけての藩政改革の第一歩であって、義公精神の復活、幽谷学の実現は、すべてこの日に始まるのである。それこそ東湖にとっては、父の志を継ぐ回天の事業なのであった。

四　回天の志業

烈公は藩主に就任すると大英断を下して改革を始めた。長い間私腹を肥やし、政治を乱した人物は厳しい処罰を受けて一掃され、新進気鋭の正義に燃える人たちが抜擢登用された。この時東湖は衆望の帰するところであったから、推されて郡奉行の職に挙用され、重大な農政にあずかることとなった。それからの彼は、改革の成否を自己一身の責任として烈公を助け、ときには誠を尽くして公を諫め、ときには心を砕いて公の志を達成させた。もちろん彼には、人気を得ようとする功名心も、地位俸禄を望む野心もなく、私心を捨てて至誠を貫くのみであったが、改革のなりゆきはただ水戸藩ばかりでなく、天下の正気の興廃にかかわる重大事であったから、どんな障害にも困難にも屈せず、策を練り用意を尽くして理想の実現に邁進したのである。

このようにして烈公は、節約の励行、奢侈の禁止によって財政を立て直し、飢饉の救済や検地の断行によって農村の荒廃を救い、武道の振興、士風の粛清、武器の製造演練や海防の施設によって防衛の体制を整え、学校の創設、学問の奨励によって人材を育成したほか、北海道の開拓、皇陵の修復、神道の復興等、次々に優れた見識によって大事業を推進した。そのため長年の堕落と停滞は目ざましく一掃され、道義に基づく清新な気運が藩内にみなぎったのである。

それはちょうど風雪の中から百花に先がけて花を開く梅の香にも似て、崩壊に瀕した各藩の注目して期待するところとなり、天下の有志者が競って水戸に学び、これにならおうとしたことは、まことに盛んなものであった。これらの事業は高邁な識見とくふう、実行が比類のない烈公によって行なわれたものであることはいうまでもないが、その陰にあって、終始藩内の動向に気を配り、障害を打開し、一時の弛緩も脱線もなく、正しい方向に改革を達成させようとした東湖の苦心は、想像も及ばぬものであったろう。

もちろん、いかに正義に基づくものであっても、改革に反対の伴うことはいつの世も同じであるが、烈公によって粛清された旧臣はいうまでもなく、東湖たちの破格の昇進をねたみ、改革の道義的な厳しさに反感をいだいた人々は旧制度の復活を望んで、事ごとに改革に反対し、その切崩しを図った。それにもまして、障害となったのは一般の間に牢固として浸透していた封建社会の弊風であった。彼はあるとき、友人庄司子裕が関西に遊学する際に送った文章の中で、次のようなことを痛嘆していた。

世の中は長い平和に馴れて、現在の危険な状態も知らず、楽天的に怠惰を貪って居る。武士は皆職も禄も世襲されるので、藩政に与る者は唯形式的に会議に列席して時間を空費し、警備に任ずる者は、当番宿直の勤務をおざなりに果すだけとなって居る。而も学者は実学を捨てゝ詩や文学を弄ぶばかりで世の役に立たない。それらは正に「織らずして衣、耕やさずして食ふ」という類であるが、それでも天罰も受けず免職にもならないから何時迄も自覚する時が無い。おまけに封建制の世であるから、藩外に出て他藩の人に接する機会も殆んど少く、視野は狭く偏狭に陥りがちで、小さな世界である藩の中で唯生れ、唯死ぬばかりだ。

而も利口者は羽振りのよい上役や富豪に媚び諂って自己一身の出世栄達を窮々として求め、真剣に世の為を思う者は極めて少い。このような風潮だから正義心に燃える清廉潔白の硬骨漢はその志を伸ばすことも出来ないで一生を終るのだ。これが今の世の中である。

また、或る時は友人が陥られて、ついに地位を失ったのを見て、烈公に長文の封事を呈した

が、その中には大略、

当世の人に褒められようとして媚びへつらい、表面だけ忠臣顔するにせ者を郷愿と申します。このような人物がはびこります時は、剛毅正直で道を守り、道理に従う人々は彼らから憎まれ誹られて道学者などと嘲られ、果ては近頃もよく聞きますように矯激の輩として罪に陥れられてしまいます。郷愿のはびこりますときは決して真の正道は行われないものであります。

と述べた言葉がある。それは彼自らの陥ろうとした窮境でもあった。幸いにも烈公は彼の至誠と志を誰よりも知りぬいて信頼したから、どんな場合にもその直言をいれ、その縦横の手腕を発揮させたことは他藩にも例の少ないことであった。このように君臣水魚の交わりを結んで事ごとに正道を貫いたから、かの腐敗停滞して崩壊の危険に瀕していた水戸藩も、やがて旧弊を一新し、改革はどんどん進められたのである。

しかし、東湖のこのような事業への努力は、根本において彼の抱懐する雄大な理想と確固たる信念に基づいたものであることを深く考察しなければならない。

五　宿世の念願

烈公の改革と新規事業の数々は、みな一つの思想体系に基づく一連のものであったが、最も水戸の学問を発揮した事業は弘道館の建設である。この事業は烈公が就任以来、企画して東湖たちと案を練っていたものであるが、その真の意義を理解できない重臣たちは、学校などは不急の事業として協力をしぶり、また、士民ともに困窮に陥っているときに学校の建設などは無用の出費であるといって反対し、実現はきわめて困難であったうえに、実際天災や飢饉のために延期を余儀なくされる状態であった。しかし政治をよくするために、優れた人物を育成せねばならぬということのほかに、当時の儒学専一の学問教育の誤りを正し、あくまで日本の道を本とし、真の日本の建設に挺身する人材の養成は、他のいかなる事業よりも先んずべきであると考えた烈公と東湖たちは、どんな困難にも反対にもくじけず断固として意志を貫いた。そして建設資金は烈公自ら積立金を提供して工事を進め、天保十二年ついに仮開館式を挙げるに至った。総合大学としての機構はもとより、神社を中心に祭り、かたわら孔子廟を置いた日本的学校教育の構想は、当時国内に類例のないものであったが、特に心を砕いたのは教学の趣旨である。今もなお厳然として立つ弘道館記の碑文が、どのようなよりどころをもち、どのような精神で作られたかを知ることは、水戸の学問を明らかにするための要訣であろう。

記文の選述が東湖に命ぜられたのは天保八年であった。完成に至るまでの経過は省略するが、要するに、その草案ができると教授頭取の会沢正志斎、青山延于らによって検討が加えられ、最後に烈公が裁決したもので、本旨はほとんど東湖の見識によったものといってよい。東湖は草案を記すとき「神州の一大文字」となるであろうことを予想して、一字一句もゆるがせにせず、水戸藩学術の眼目を確立し、「推して神州左袵の憂い無き様」に周到な思索をこらしたのである。しかし、なにぶんにもそれは簡潔に要約されているから、これだけで彼の学問思想を知ることは容易でない。

幸いにそのためには「僕が生平の学問見識他日是にて御承了下さるべく候」と自信をもって述べた『弘道館記述義』が東湖によって著わされているので、われわれはここに沈潜すればよい。

それはひとり東湖の私見によって書かれたものではない。前にも述べたように、東湖の学問精神は義公の精神に淵源し、幽谷の学問に根底をおくものであるから、いわば長年にわたる水戸の先哲の精魂が凝って、この一文を生み出したといってよい。しかも、注意しなければならないことは、ここに述べられているところは、単に先人の受け売りでも模倣でもなく、東湖自ら研究を積み思索を深めて明らかにしたことである。その点で、これはやはり彼の独自のものといってよいかもしれない。

その『弘道館記』の核心ともいうべきものは日本の「道」である。東湖が常に自分の宿世の志願として語ったところは、

古を稽へ今に徴して神聖の大道を発明し、武を尚び文を右けて天地の正気を鼓舞す。

ということであった。それほどに彼が日本の大道を明らかにしようとしたのは、当時、思想は混乱し、情勢は複雑をきわめた時代にあって、国民の進むべき一つの道が明らかにされていな

いという悲憤に基づくものであった。確かに国家が重大な難局に立っているとき、国民の思想が分裂混乱していたのでは、自ら崩壊に至るか、外国に乗ぜられて独立を奪われるかのほかはない。幕末の情勢は、このような危機に直面していた。彼は世に先んじて、これを憂えたので、日本の行くべき道をわが国の歴史の中に求めたのである。長い間先祖の実践してきた道を捨てては、日本人のよって立つ道はあり得ないからである。

東湖は、この志をもって幽谷の教えをさらに一段と掘り下げ、広く史書を読み、同憂の友と論を交じえ、そして自ら思索沈潜した。ことに二十七歳から三十歳に至る間、烈公の命によって、義公時代の『神道集成』を再訂するために、寝食を忘れて没頭した古代史の研究は、道の淵源について大きな啓示を得る機会となった。また、中世以来の衰微乱離の世にあって、特に建武中興が偉大な意義をもつことに注目し、当時、筑波山の麓で戦陣の間に著わされた『神皇正統記』に無限の感銘を受けた。近世においては最も義公の精神に感発するところがあった。このようにして歴史の中に卓絶する幾多の古人の心を究明しつつ悠遠の古から今日に至るまで、ときに盛衰はあっても滅びることなく貫流する大道を把握するに至ったのである。

『弘道館記』は、その大道を明らかにした。それは「天地の大経」であって、人間として一日も離れることのできない当然当為の道であるとともに、特にわが国においては、太古以来、政治、外交、経済、文化等の根底に確立されていたから、国体も尊厳であり、国家もよく治まって国威を輝かすことができた。そして中世以来異端邪説、俗儒曲学のために道は混乱分裂して皇室も衰え、戦乱が絶え間なく続いたにもかかわらず、優れた人物はあくまでこれを実践したから道はけっして滅びることなく、建武の中興も成り、国体は動乱の間にも厳として守られてきた。義公は、この道を明らかにし、この道を推弘すべき不抜の教えを残された、と説くのである。こうして彼は当今の必務として数個の綱領、すなわち「神州の道を奉じ、西土の教を資り、忠孝二なく文武岐れず、学問事業其の効を殊にせず、神を敬い儒を崇め、偏党あるなく、衆思を集め群力を宣ぶ」という目標を掲げた。

この綱領は歴史の一貫する不変の道を今日、日本人が実践躬行すべき目標を示したもので、述義には、現実の問題の判断解決の基準となる多くの指針を明記している。

このように『弘道館記』およびその述義は、国を憂え、道を求めてやまぬ志に基づいて日本歴史の神髄を史実に立脚して究明し、異端邪説を批判して、日本の正しい思想を明快に説いたものであるから、これを読んだ者は、翻然として道に目ざめ、心のよりどころを得、なすべき必務を自覚するに至った。幕末の先哲志士がいかにこの書によって発奮し、維新の達成に挺身する力を得たかは、われわれの想像以上のものがある。信州の学者、長谷川昭道が述義を読んで「実に二千年来の精言至論、神州一日も之を欠くべからざるの書」と感激して述べたのは、誇張でも世辞でもなかったろう。

東湖の学問思想の要点は右に尽きるともいってよいが、数多くの著述、遺文、詩歌等はすべて一つの道に基づき、具体的な問題や実際の場合についての判断を示したものが多い。孟子の思想を批判しては、革命が人道を破壊する理由を説いて、それが絶対にわが国に許すべきでないことを強調し、わが国が外国と異なる根本問題を明らかにしたが、この点は、義公以来の尊皇論の帰結として王政復古の運動に強い根拠を与えたものである。また、文天祥の正気の歌に啓示をうけて、日本人が真に道に自覚して鍛錬を積むとき、それは「神州の正気」となることを論じて自ら正気の歌を作った。大楠公の五百年の忌辰にあたっては弔文を作り、皇運を救うために一命を捧げた忠精義気を追慕して志を固め、西洋のアジアに対する侵略を憂えては、北条時宗の祖国を救った胆略を思って当時の外交を批判した。すべて当今の道を明らかにすることを本分とし、詞文を弄し、知識技術に満足する世の学者とは、はっきりした相違があったのである。

この本文を考えるとき、前に述べた数々の事業が、その目的においては日本人の道を明らかにし、学問と事業に現わしたものであることを知ることができよう。どんな困難にも屈せず、時来れば死して後已むの覚悟であたったのも、ひっきょう、この道のためなのであった。そして、そのゆえにこそ回天の事業はほぼ完成したのである。

六　沈潜十年

わが国の歴史の中に不変の道を求め、これを現実に明らかにしようとして一生を捧げる東湖であれば、たとえ、ときにどのような事態に陥ろうとも、その志に動揺の生ずるはずはない。弘化元年、突如、烈公とともに幕府の嫌疑を受け、十年の蟄居生活を余儀なくされた期間の惨憺たる逆境の中に、われわれはかえってその真の偉大さを見出し、その一言一行に厳しい道義の真実を教えられるものである。

東湖が幕府の処罰を受けるに至った事情には、きわめて複雑なものがあった。幕府は烈公の藩政改革が一段落ついたとき、その勉励を認めて公を表賞したが、もとより烈公や東湖の窮極の志は、多年幕府の圧迫によってはなはだしく威光を失われた皇室を尊崇し、その下に国家体制を強化して、内外の難局に対応しようということにあったから、それは旧弊になじんだ幕臣たちにとって理解し得ないばかりか、疑惑と誤解をいだかせる懸念があった。ことに長年荒廃した神武天皇御陵を修復しようとした計画が、ついに幕府の共鳴を得るに至らなかったとき、東湖は幕府政治のあり方、いな窮極の場合における存在についてさえ、思いつめた判断をくださずにはいられなかったようである。こうした水幕間の間隙は、もとより国体の認識自覚の差から生じたものであることはいうまでもない。しかも藩内においては、改革に反対する勢力は、門閥才知ともに優れた結城寅寿を首領とし、烈公に怨みをいだく僧侶とも提携して、改革の挫折転覆を図りつつあったが、この勢力が幕府と結んだとき事態は急転した。烈公は七か条に及ぶ陰謀の嫌疑を名として江戸に呼ばれ、退隠謹慎の命をこうむり、東湖も輔佐よろしからずとの罪名で、戸田忠太夫たち同僚とともに蟄居引退を命ぜられた。その嫌疑は全くの捏造《ねつぞう》にすぎなかったから、東湖は死を賭して公を擁護しようと苦心努力したにもかかわらず、その功空しく、これより足かけ十年の間、烈公と厳重に隔離され、残酷な蟄居生活を送るのである。

蟄居生活はほとんど獄中生活と変わらなかった。はじめ幽閉されたのは小石川藩邸内の長屋であったが、ほどなく墨田河畔の小梅邸内(今の隅田公園内)の蟄居屋敷に移された。それは長屋の一室の周囲に板を釘づけにし、三度の食事を下僕が差し入れるほか、いっさい他人との接触はできず、盛夏炎天の日など、狭い一室はむされるような暑さで汗は流れ衣服は汚れるが、入浴も洗濯も思うようにはできないという不衛生な生活である。それでも磊落な東湖は、文天祥の土室に比べればまだ玉堂華屋のようであるといい、虱《しらみ》が豊年を喜んで跳躍繁殖するのを笑って詩に詠じたほど心のゆとりを失わなかった。しかし、苦しいのは東湖より以上に水戸の家族たちであった。梅香の屋敷も、俸禄も取り上げられ、竹隈の蟄居屋敷に母堂、妻子、姉妹ら数人が十五人扶持を支給されて生活するのであるから、若党家僕も暇を出さねばならず、日々かろうじて糊口を塗するにすぎない窮状であった。

自分一身の苦痛でさえ普通の人ならば、とうてい耐えることはできないのに、家族までも処罰されて明日の生計に苦しむほどであれば、志操を維持し節義を守るのは、およそ容易なことではない。しかし東湖の志は少しも変わらず、他人を恨んで責任を転嫁し、世をはかなんで自暴自棄に陥るような態度は少しも見えない。烈公の身を思い、母堂妻子を思うごとに、彼は自己の不明と誠の至らなかったことを一途に責めるのであった。しかも、茫然として時日を費やしたのではない。狭い部屋にすわる場所もないほど書物を積んで、その中で毎日あきることなく思索と読書にふけったから、表面的に全く自由のない生活でありながら、精神だけは広く古今東西を馳駆し、かえって、順境にある者には、一生かけても得られない純粋堅確な精神を磨くことができた。東湖は会沢正志斎に与えた書に、

夫れ士の仁に志すや、固より当に死して後已むべし、況んや区々たる一朝暮之困阨復た何ぞいふに足るをや。而るに幽鬱憤懣、痛飲気を遣り、疾病の其の後に随ふを知らず、或いは妻孥を顧りみ飢寒を患へ憫然として可憐憔悴の色有れば、即ちたゞに平生の志に背くのみならず、将た何の面目あってか古人に地下に見えむとする。

と述べたところは、まことにこのときの気概を遺憾なく表わした言葉であった。道を明らかにして日本の行く手を照らし、侵略の危機の中に革新を遂行しようと志した者は、自己一身において、このように道義に徹した精神を有したことを、われわれは心に深く銘記しなければならない。

東湖は、このような烈々たる気概をもって、日夜著述にも励んだ。一生のうちに背負っても立てぬほどの書物を著わして、亡き父の志を達したいと常々いっておられた。その最初にできたものは『回天詩史』である。

苟くも大義を明かにして人心を正さば　　皇道なんぞ興起せざるを患へむ
斯の心奮発神明に誓ふ　　古人云へるあり斃れて後已まむと

二十年来、回天の事業を志して、いったん挫折したとはいうものの、道を起こし国に報いようとする念願は、なお、いよいよこの文詞にみなぎるとおりであった。

次いで著わした流麗な和文の『常陸帯』は、十五年にわたる藩政改革の成果がことごとく烈公の至誠から発した純粋な報国の大業であることを明らかにして、烈公を弁明したものであるが、そこに彼自身の功を誇る心は少しも表われず、すべての功を烈公に帰した美しい精神がみなぎっている。彼は常々もよく詩歌を詠んだが、それは閑人の風流でも文人の遊戯でもなく、胸中にほとばしる熱烈な念願の率直な発露であった。したがって、幽閉中の作品は、特にわれわれの心にひびく見事なものが多い。「正気の歌」はその最大のものであろう。しかし蟄居中の、いな、生涯の最大の述作が『弘道館記述義』であったことは前にも述べたとおりである。

これらの著述には、蟄居の苦境にあいながら、その学問心境の飛躍的に発展したことをうかがい得るものがあるが、東湖自身、これについて大要次のように述懐している。

自分は父のお陰で幼児から読書を知り、今日でほとんど三十余年になるが、これまで『礼記』のごとき書は何度読んでも退屈を感ずるばかりで、ついに理解できなかった。今ではそれが渇して水を求めるように全く巻を手離せないほど切実に必要なものとなった。思うにそれは、昔の読書がただ読書のための勉強であったのに対し、今では一身を確立するための読書となったからであり、また、昔のは文字を追うことを目的とし、今は、これを実用に供するためとなったからである。この相違を考えるとき、発奮ということがどんなに学問にとって有益であるかを知った。

年四十歳に達して、いまだ不惑の境地に程遠いことを痛感した彼が、逆境に発奮して熱烈に学問を求める姿がここに示されて、われわれに深い反省を与えずにはおかない。

東湖は四十一歳の暮、刑をややゆるめられ、翌春水戸に移った。しかし、生計はいよいよ苦しく、そのうえ永年の重い幽閉中に得た病が悪化し、一時は余命も長くないことを覚悟したほどであった。藩の将来、日本の前途を憂えても外出も面会もできないので、同志高橋多一郎に遺書を送り、後事を託したのもこの頃であった。しかし、病も精神力によってついに克服されると、二十三年間中絶した青藍舎の講義を復活し、茅根寒緑をはじめ彼を慕って来会する門弟たちを懇切に指導鍛錬した。これは大きな意義をもつ仕事であったが、いくばくもなく世界の情勢は急転し、わが国が未曾有の事態に突入すると、彼の境遇もまた大転回を遂げるのである。

七　万古の憂い

わが国の非常の事態とは、嘉永六年の米使来航である。もとより、情勢の変化に応ずる一定の外交方針もなく、ただ鎖国の祖法を楯として、その場その場をつくろってきた幕府は、四隻の軍艦を率いた一提督の強硬な要求によって周章狼狽の態に陥り、国内はにわかに動揺した。そのうえ将軍家慶は、命旦夕に迫る重態に陥っており、間もなく亡くなったので、阿部伊勢守以下の老中たちは窮余の一策として、かつては罪に陥れた烈公を出馬させて、その威光にすがろうとするのである。こうして烈公は、各藩有志の輿望を一身に集めて幕政に参与することとなったが、東湖もまた永年の罪を許されて江戸に召された。同行を歎願する塾生と別れて江戸に出た彼は、このとき戸田忠太夫とともに実に十年ぶりで烈公に謁することができ、感涙にむせんだのである。再び烈公の股肱として粉骨砕身する機会は、このような非常の際にはからずも実現した。しかも、その任務は往年と異なって祖国の大事を一身に担う重大なものであった。

そもそも水戸藩の対外論は、幽谷によって明確な方針が築かれ、門人会沢正志斎の『新論』により、その原理と対策とが明らかにされた。いわゆる尊皇攘夷の論である。その原理はいうまでもなく、わが国の国体を護持し、国威を発揚するための積極的な自主外交であった。西洋の傲慢なアジア政策がやがてわが国に及ぼされるとき、インドや支那のように、その独立を奪われ、光栄を蹂躙されることを憂えて、彼の武力に屈せず、撃攘の態度を決めることは、尊皇とともに「志士尽忠報国の大義」として宣揚された。それは日本国民の当然当為の道であって、けっして今日誤解されているような固陋な鎖国主義でも偏狭な排外主義でもない。策としては、ときに鎖国を必要とすることもあろうし、開国を必要とすることもあろうが、根本的な理想は、古代のような平和的で自主的な積極進取の外交を行なうにあったのである。

ペルリの来航するに及んで、烈公も東湖も等しく感じたことは、もはや鎖国政策を維持すべき事態ではなくなったということであった。しかし、米国は武力をもって威嚇して、わが国の開国を強要するのであるから、そのままこの要求に応じたのでは著しく国の名誉を損じ、結果において不平等な関係に立つことが明らかに予想される。しかも、これを断固として拒絶するには決戦の覚悟と実力がなければならない。が当時において、それは不可能のことである。ここに難局を負って立った烈公と東湖との苦心があった。彼はこれに対し、禍を転じて福とするの大策を考え、まず、幕府自ら非常の決意を固めて国内の惰眠を覚醒し、封建的な藩の割拠主義の弊害を除き、皇室を中心とする強固な国民的団結を取りもどすとともに、西洋の科学技術を採用して軍備を強化し、国防の体制を急速に整えるという雄大の策を立てた。これなくしては、外交も貿易も自主性を保持することが至難であったからである。烈公は幾度かこれを幕府に建策したが、特に幕府をして天下に発布させようとした大号令の文案は、烈公と東湖の苦心の結晶であった。しかし、幕府の老中たちは、この雄大な策を断行する勇気をもたず、いたずらに日を延ばして躊躇するうち、長崎に露国の使節が来航して国内はまたしても動揺し、翌安政元年の正月早々に、米使はさらに増強した艦隊を率いて江戸湾深く進入してきた。そして、わがほうの態度決定を早急に迫ったので、幕府はついに屈して不平等な和親条約を締結するに至り、つづいて英、蘭、露の国々ともほぼ同様の条約を結ばざるを得なかったのである。烈公と東湖はすこぶる不利に陥った情勢の中で、なおも所期の雄策を実現するために、しきりに幕府や各藩の人物を説き、一方、科学を振興して自ら兵器、船艦の製造に努めつつあったが、不幸にして安政二年十月二日、関東を襲った稀有の大地震のため、不慮の最期を遂げられたのである。その最期が、急激に傾いた家屋の中に突入して老母を救い出し、自らはついにその犠牲となったことは、終始一貫、至誠を尽くして親に仕え、国に捧げた東湖の精神の見事な発揮というべきであろう。

それにしても東湖の晩年の業績は、その円熟した学問見識をもって多くの人々を導き、やがて宿世の念願の達せられる基礎を固めたものであった。彼が烈公とともに再び江戸に出られたとき、水戸はもとより、全国の憂国の士は争って彼と交わりを求め、その教えを乞うた。勤務のない日には終日来客が殺到し、応接に多忙をきわめた。この頃、彼と交わって志を共にし、事を計った人物には土佐藩主、山内容堂をはじめ、幕臣、川路聖謨、福山の石川和介、肥後の長岡監物、横井小楠、松代の佐久間象山、土浦の大久保要等々、当時有為の政客を網羅し、学者には安井息軒、芳野金陵、塩谷宕陰、林鶴梁ら錚々たる論客があった。橋本景岳、西郷南洲らの後進は謦咳《けいがい》に接したのはただ一回にすぎなかったが、終生、東湖を尊崇してその教えを忘れなかった。しかも、彼の感化影響は遺著を通じて、その歿後においてもいよいよ大きく、下野の志士、小山春山が、「方今天下の士、其の風を聞き、其の書を読む者、皆感奮興起して王事に勤め夷狄を攘ひ、以て列聖煦育の恩に報ゆるを思はざるなし」と述べたとおり、当時、祖国の危機を憂え、社会の混乱を救おうと志を立てたほどの人物で、東湖を景仰し、その教えに従わなかった者はないといってよいほどである。長州の久坂玄瑞は、東湖の没したときわずか十五歳の少年で、もちろん、直接の指導を仰ぐことはできなかったが、その遺著を耽読し、ついに東湖の姿を夢に見て、その亡き後の国事を痛嘆したほどであった。山県有朋、伊藤博文、大久保利通らの維新の元勲も、みなその著書によって、不抜の理想をいだき、信念を固めたのである。

されぱこそ明治維新は、わが国の歴史に基づき、道義にのっとって日本を本然の姿にもどし、そのうえに西洋の文物を摂取して、急速に国威の発揚に努めた結果、ほどなく世界史に比類のない一大発展をなし遂げたのである。東湖の宿世の念願は、こうして一度は達成されたということができよう。

東湖の生涯と、その精神を管見してさえ、われわれは今日、大きな反省と奮起を促されることと切なるものがある。まして、その言行を詳細に学び、さらに、その苦心と抱負を明らかにするとき、東湖は百年前の古人ではなくして、まさに今日の指導者となるであろう。偉大な人物は時代を越え、社会制度の相違にかかわらず永久に人の心を導く光明である。

しかし、一度達成された東湖の念願は、未曾有の敗戦にあって以来、外国の占領政策と、これに迎合した国民の遺憾な態度によってほとんど忘れられ、今日に至っては、なお強大な外国の勢力が国の内外から誘惑と脅迫の手を伸ばし、そのために国体破壊の思想、道義蹂躙の風潮が広まって、国民はその進路に迷い、対立混乱を増すに至った。そして、最も遺憾とすることは、わが国の歴史を侮って、その尊さを無視し、先哲の偉大な精神を省みず、ほとんどこれを知ろうともしない風潮のやまないことである。今日の日本が確固たる進路に迷い、国民が帰一する道を知らないのは、ここに起因するのではなかろうか。われわれが今日、東湖先生百年祭を営んで、遺徳を追懐し、その精神を明らかにすることの急務を感ずるのは、このためにほかならないのである。

（昭和二十九年、東湖先生百年祭に当たって）

水戸烈公

一　安政の大獄

安政の大獄ほど人の情を無慚に踏みにじり、物の道理を不法にも引き裂いた暗黒恐怖の弾圧は、古今にその例を知らない。しかしまた、弾圧を受けた人々をめぐって、道義人情のかくまでも深く重いことを感銘させる悲話も、他に求めることはできないであろう。

水戸、常磐の墓地に林のように立ち並ぶ幾十幾百の石碑は、百年の歳月を経て苔の碑銘をおうものも少なくないが、当時の思いをこめて墓前に立つとき、義烈の英魂が鬼気凄然として胸に迫り、熱涙のこみあげるのをいかんともしがたい。

殉難者の一人茅根寒緑は安政六年八月二十七日、江戸の評定所で斬罪に処せられた。彼については略伝もあって、その名は周知されているところであるが、その墓碑は恩師東湖の墓前に今もうやうやしく、その教えを聞くかのように立っている。人も知る東湖亡きあと、その業を継ぐ者はこの青年であろうと期待された寒緑、井伊大老はいったい何の罪をもって、この誠実

無比の人物を亡きものにしたのか、死に臨んで遺児熊太郎に残した、

丹心猶火の如く、誓って君冤《えん》を雪《そそ》がむと欲す、

生前未だ報ぜざる所、竊に期す椒山の言

の一句の切々たる忠魂、まさに万世を貫くであろう。

父子ともに殉難したのは、鵜飼知信と知明である。勅諚を死守して水戸に伝達した、その使命の重いことを思えば、父子ともに死んで恨みないところであろうが、八月二十七日宣告のあった日、「父は斬罪、子は獄門、父に勝る子なり」と子を顧みて述べたという父の胸中をしのぶとき、義につこうとする者の感慨がしのばれる。

殉難者のうち、地位の最も高い安島帯刀の墓は城東酒門の墓地にある。帯刀は家老戸田忠敞の実弟で、安政二年十月の地震に兄は東湖とともに不慮の死を遂げた。その温厚丁重の風格によって、いつの間にか兄の後継者となり、家老として同志とともに国事に砕身した。井伊は、この人物に勅諚問題と将軍継嗣の運動の責任を負わせたのである。同じ八月二十七日、自刃を命ぜられるにあたって、介錯人にこれまでの世話に対する丁重な礼を述べて死についたが、その辞世、

武蔵野の露とはかなく消えぬとも

世に語りつぐ人もこそあれ

の歌とともに、道を守り、道に殉じた人の心のあり方をさとさせる。

ひとり安政戊午の大獄においてばかりでなく、これより先、これより後、道に死し難に殉じた者の最も多く出たのは水戸藩である。しかも、それはひとり藩士に限らない。郷士あり、神官、僧侶あり、農民あり、ことにかよわき女性、いたいけな少年までも君国の大事に臨んで惜しむところなく家を出で、身を捧げたことは、今日、表面的な平和に甘んじ、個人の利益と安楽に没頭する人々にはとうてい思いもよらぬことであろう。

二　殉難烈士のこころ

天朝を尊び、祖国を守ろうとする精神は、平常恩義を重んじ、不道を許さぬ気風の積むところに発した。水戸において、その気風の養われたことは、かの義公に淵源するが、当時においてこれを振起したもの、藩主烈公あればこそであった。殉難の烈士が死に臨んで口をそろえて叫んだところを、ここに寒緑の文章に代表させよう。

玉鉾の道さへわかぬ世となりしにや、言騒く異国の船たえまなく来り、千早振神の御国の御威稜さへ、廃しなんとする時にしあれば、九重の御殿にも、おほ御体をやすんじ玉はず、甕の牖の民草までも、をゝしくおもはぬものこそなかりけれ、まいてさす、竹の舎人壮みくさのつかさの末につらなりしものゝ、いかで等閑に過行べき、さればわが前の中納言(烈公)の君、既くも四十年の先より、このことをはかり知玉ひ、ふかく御心を悩まして幕府へも種々のこと聞えあげさせられ、一たびは禍事にあひ玉ひけれど、あまた年経て冤罪はれさせ玉ひ、嘉永の末よりは、幕府の政にもあづからせ玉ひ、なにくれと計せ玉ひて、兎に角に、夷を征ぞくてふつかさのみ名を辱しめず、東照すとほつみおやのみ心に背かせ玉はせじとの玉ひしは、げに灼然おもひ奉らぬものぞなかりける。しかるに……こその秋、尾張の中納言慶恕卿、越前中将慶永朝臣もろともに幕府より罪かうぶり玉ひ、中納言の君にも大城に登り玉ふこと止り玉ふべきよし、仰せごとありて、十あまり五歳のうちに、再びかゝるまがごとにあひ玉ひしことなれば、百の司はさらなり、国内の賤の男賤の女までも、みなうれひかなしみ、いかにして君のなきつみ晴させ玉はむことをいのれど、そのしるしもなく、心をいためし折しも、朝廷より詔を賜りければ、中納言の君にも、深くかしこみ玉ひ、幕府をたすけ天皇の御心をやすんじ奉らんとをたけびして、速に老中の人々をめし、その事をなんはからせ玉ひけるに、五月蠅なす輩いかにいひいつはり申けん、君の真心は露ばかりもとほり玉はざるのみならず、万乗の君の詔、一片も行はるゝことなきは、いかに口惜きことならずや……（『鞠訊筆記』序）

烈公に対する幕府の冷酷な処罰が、ついに水戸の士民を奮起させ、それが尊王攘夷の大義のため不屈不撓、斃れて後已むの精神に透徹させた理由を、われわれはこの中にはっきりと会得することができる。

三　烈公の農政

それにしても烈公は、今日あまりにも正しく知られていない。いな、井伊大老を弁護するのあまり、大老が烈公を憎んだそのままの心情をもって烈公を非難する論が、占領時代以来、台頭した。これは歴史の真の理解のためにも、また、道義人情のためにも見のがし得ない問題である。

烈公の行状、特に文政十二年継嗣をめぐる陰謀を砕いた正論の士の歓喜に迎えられて、第九代藩主となった三十歳の年から、万延元年、中秋名月の夜六十一歳をもってにわかに病に倒れた三十年の間、天下に先がけて水戸藩を改革した震天動地の活躍は、押しつまった大勢の転換にどれほど偉大な力となったことであろう。それは何物にも屈しない烈々たる気概のなすところであったことはもちろん、その奥底に積まれた深い正学と、驚くべき創意発明の才に負うところであった。それらは今も水戸に残る多くの遺跡、遺品の如実に示すところである。

しかし、烈公が最も心を砕いたものは、内政では愛民の農政と文武の教育であろう。「経界、学校」の二事はその焦点である。また、観点を変えて国家に貢献したところをあげれば、国体と国威の護持、すなわち尊王攘夷に要約されよう。

そもそも、政治の大本は民生の安定にある。烈公が藩主となった当時の水戸藩農民は、全国一般の例に漏れず、きわめて貧しかった。長年の弊政によって年貢は重く、奢侈と虚栄の風によって金銀の出費が著しく多くなっていた。その結果、間引や離村による人口減少、借財による土地の手放しが貧農をおびただしく発生させた半面、貪欲の豪農をいよいよ富ませていた。その社会問題、財政問題の困難な中に烈公は登場したのである。若き日から、

朝な夕ないひくふごとにわすれじな
　めぐまぬたみにめぐまるる身は

と詠み、農人形を作って、日夜、農民に感謝しつつ育った烈公は、就任の翌日、愛民の仁政を敷くべき志を示し、多年、正学に鍛えた藤田東湖、会沢正志斎ら革新の気に満ちた人材を郡奉行に任命して改革に当たらせた。その成果は、数年後に起こった天保の大飢饉に際して表われるのである。かねて平時より災変に備えて村々に稗倉を建て、二十万俵の稗を貯蔵し、国中ひとしく節約を励行させた烈公は、天保七年夏、異変の兆候を見て糠団子、干葉を用意させ、富豪の貯蔵米や九州米の買い入れをした。その結果、無数の餓死者を出した関東東北において、水戸領は一人の餓死者をも出さないばかりか、他藩からのおびただしい流民を救うことができたのである。農民が後世まで、この恩に感謝する行事を続けたのは、公の愛民の誠に感じたに相違ない。

さらに、従来は富農の離反を恐れて「決して出来ぬ事也」といわれていた検地を断行したが、それは東湖が「一石一粒上を益すの説には御座無く……大不平大凸凹を平均候迄」と述べたよ

うに、貧富の懸隔を矯正して健全な農村を建設するための政策であった。そのために、弘化、安政にかけて烈公が幕府の嫌疑をこうむって処罰されたとき、領内幾千の農民は「恐れ乍ら言語に述べ難き御恵沢御推察の程」と幕府へ差し出す陳情書をふところにして、烈公雪冤のために江戸に押しかけようとしたことが数回にも及んだ。もし烈公に災厄がなかったならば、その農村改革は成功したであろう。何とならば、このように報恩感謝の念をもって勤労する風が起これば、産業を興し、国富を増すことのできないはずはないからである。

四　弘道館

士風の改革も見事であった。それ以前、重臣は賄賂をむさぼって酒宴にふけり、中士はそれに媚びて立身出世を図り、下士は博奕などに凝った。士道がすたれては民の窮乏を思いやることも、国の安危を憂えることも望み得るはずはない。「夫れ政と教と其名二つにして二つにあらず」とは不朽の真理である。烈公は初政以来、文武を奨励し、風紀を正すことに努めたが、学校の創設に着目したことはさすがに卓見であった。

これまで幕府も各藩も藩校を建てており、水戸藩も学校こそなかったが、学問教育が無視されていたわけではなかった。しかるに、学問を積み、教育を受けた者が何ら人としての道義的自覚をもたず、国家内外の危機に臨んで、これを救おうとする志も方策ももたないならば、それは学問教育の根本に誤りがあるからである。弘道館はいうまでもなく「神州の道を奉じ西土の教を資り、忠孝二無く、文武岐れず、学問事業其の効を殊にせず」という項目をかかげた。これこそ東湖が「東藩学術の眼目に仕り、推して天下に及び、神州左衵の憂これ無き様仕り度」との念願をもって烈公の代筆をしたものであるが、この目標を掲げ、子弟だけではなく、成人藩士も四十歳までは義務として修学させ、文武の実学を切磋させた結果、堕気満々たる停滞は一新され、日本的、道義的自覚は水戸一藩に巻き起こった。たとえば、秋山魯堂という士が小梅の蔵奉行となってからは、堕落しきった役人の気風が一変し、青年は書を読み、壮年は剣を撃ち、一僕卒さえも誠実勤勉に励むようになった。これを見た東湖が「魯堂の志報国に本づく、而して又其源に泝れば、即ち未だ老公忠孝の化に本づかずんばあらざるなり」とたたえたように、その効果には著しいものがあった。

このように、日本の道を教育の大本とした烈公は、自ら朝廷を尊び、神武天皇御陵の修復を始め、次々と至誠を傾けて朝廷の守りに任じ、朝廷もまた、ひそかに烈公を頼りにされた。

これよりさき、欧米勢力の侵略に深い憂いをいだかれた孝明天皇が、井伊直弼の違勅調印を聞かれて逆鱗したまい、ひそかに水戸に勅諚をくだされたことは、単なる水戸の画策とのみ解されるわけはない。ここに水戸藩尊王攘夷の士が恐懼感奮して国事に尽くそうとするとき、この勅諚を没収しようとした直弼の不遜な態度は、何をもってしても弁護し得ないであろう。

五　攘夷論の真相

烈公の攘夷論と国防に関する深い用意もまた、大きな誤解をうけている。かの『新論』を著わした会沢正志斎から、青年の日に十七か年も輔導をうけた烈公は、わが国をめぐる国際情勢の変化をよく認識し、その危機を自覚し、変に備えて着々と武備を整え、国防に心を砕き、西洋の兵器艦船まで採用した。しかし、幕府の役人たちがいっこうに目ざめないうちに、

幾歳か我が憂ひ来しあやふさを
　今は現に見る世とぞなる

と詠じなければならない時勢に直面した時、その苦心は想像にあまりあるものがあった。公はけっして排外好戦の偏狭な思想の持ち主ではない。烈公が富国強兵の成就した暁には自ら進んで米国、英国に渡航し、貿易をも開始しようとする抱負のあったことは、たまたま明治天皇が小梅の水戸邸に行幸された際に発見された秘書によって明らかである。ペルリ渡来の際、烈公が幕閣に対し、あくまで攘夷を固執したのは、実は武力をもって開国を迫ったペルリの侮辱に対し、即時開港、即時降伏を許せなかったばかりでなく、国民の士気の阻喪を恐れたからである。そのため必戦の態勢を持しつつも、交渉によって有利な条件を得ようと努力したのではないか。その策は成らなかったにせよ、国内の強力な改革を望む藩主有志が、当時、烈公を泰山

のごとく仰いで信頼し、やがて実子一橋慶喜を将軍に奉じようと運動したのも、烈公に期待することの大きかったためにほかならない。

そのころ、烈公の胸中をひそかに聞いた松平春嶽公の次の述懐は、すこぶる注目に値しよう。

ある日烈公に余拝謁の時、越前殿は後来の目的は如何、尊王はもとよりなれど攘夷は出来候もの哉との御問に、余今日の景況を以て考ふれば、後来攘夷は六ケ敷もの也と御答申たり。公、私も同様の考なり。尊王と申て只々帝室を尊ぶべきばかりではなし。主上の御親裁になりて徳川は将軍を辞し、役人は旗本譜代大名斗りではとても維持しがたし、各藩の人々を撰み、人材を抜擢して役人とすべし。攘夷はとても六ケ敷もの也、第一外国の大小炮にしろ、軍備十分相整ひ、ことに外国は皆日本ごとき小国にあらず、其上昔の武田流のごとき迂遠なる軍備にては戦争しがたし。夫よりは一層外国と貿易する方得策といふべし。私の愚考は如斯……（『雨窓閑話稿』）

井伊大老に、はたしてどれだけの先見の明があったかは知らないが、米国の威圧に屈し、違勅調印した一事すら大義の蹂躙であるのに、維新の大業、新日本の建設を目ざす純真な運動を無慙にも弾圧し、一時の平和が得られたものと考えたとすれば、その見識は思いやられるではないか。

二　昏迷を開く道

徒に身をば歎かじ燈火の
もゆる思を世にかゝげばや
―藤田東湖―

先　憂

一　大津浜事件

今日ほど正しい学問による、正しい意見が力強く主張されなければならぬ時はない。勢い窮まってからでは取り返しのつかぬことになるであろう。先哲の苦心とは、実に今日の日本のこのような状態において涙なしに回想しえないものがある。

ここに私が述べることは、百二、三十年前に起こった一見些細な出来事について、世の大衆の判断とも、時の政府の処置とも全く相いれなかった少数の先覚者の正論が、やがて一藩を動かし、全国の志ある者をその指導に従わせて、ついに国の艱難を打開した、そもそもの起こりについての史話である。

文政七年、常陸の大津浜に英国船が現われた事件は、高等学校で日本史を学んだ人は承知のことであろう。大津浜は現在、茨城県北茨城市大津町といい、常陸国の北境、磐城と境する所にある小さな漁港であった。南は平坦な砂浜が水平線に消えるまで続き、北に屏風のような断崖があって寒風をさえぎる所、けっして良港とはいえないが、平和なこぢんまりとした自然の漁港をなしていた。その大津の浜の静かな夢を破ったのは文政七年の五月二十八日、朝霧につつまれた海面の上に突如、異様な外国船二艘が姿を現わし、たちまち四隻のボートが降ろされると櫓をあやつって岸にこぎつけ、みるみる十二名の異国人が上陸してきた。『通航一覧』の記すところでは、彼らは赤、黒、白などの洋服を着て、四ちょうの鉄砲、若干の銛を所持し、海岸で仕事をしていた漁夫たちに何かしきりに要求するふうであったが、言語はもちろん通じない。この十二名のうち二名は人品他に優れた指揮官と見られ、一名は黒人であったという。

この地は水戸藩の付家老である中山家の領地で、事を聞いた中山家の家臣は、さっそく兵を出して十二名を捕えるとともに急を水戸に報じた。そこで、かねてから海岸防備のために備えていた水戸藩は、目付近藤儀太夫に二百名の士卒を率いさせ、筆談役を命ぜられた史館の会沢正志斎、飛田逸民の二学者とともに、ただちに現地に急行させた。また、大津近隣の藩、棚倉の井上家、平の安藤家、湯長屋の内藤家、泉の本多家など、それぞれ士卒を出動させたから、この様子を報じたある武士は「誠に誠に美々敷相見え申候」などと感嘆していたが、それら兵士の兵糧の運搬は「昼夜大騒動」であった。こうしたなかで六月三日、五日の両日、筆談役は異国人の取り調べを行なったが、彼らは監禁とはいえ鶏や野菜や酒まで与えられ、浮かれて踊り出す者もあったという。ところが八日になると、一旦姿を消していた親船二艘が再び入港して、九隻のボートに五十人ばかり乗り込んで押しかけてきたから、警備の士卒も村民もどういう事態が惹起するかと不安におびえ、老人、婦女子は家財を背負って裏山へ退避したほどであった。彼らは先に逮捕された十二名の返還を求め、引き渡しの日取りを手真似で要求しただけで、間もなく親船に帰り、沖合に向かって出帆したので一同は一安心した。

六月九日には、水戸藩からの報に接して派遣された幕府の役人、代官古山善吉、通辞吉雄忠次郎らの一行が到着した。一行が蘭語を解する者の言葉によって諒解したところによれば、彼ら異国人は英国の捕鯨船の乗組員で、過般三十艘ほどの船団をもってロンドンを出発し、日本近海で作業をしていたが、最近、船員のうちに敗血病の患者が出たので、果実、野菜、羊、鶏などを求めるために上陸し、鉄砲と交換にそれを得ようとしたのだという。古山は、この諒解に基づいて彼らの乞いをいれ、林檎や枇杷、大根、甘藷をはじめ鶏や酒まで与え、

此度は差免し、且乞にまかせ、薬用の品々、我等の差略を以、さし遣し候間、早々帰帆いたすべし、此以後右様の始末これあるにおいてはゆるしがたし、此度帰国の節、鯨漁のもの共、また其外々へも急度相伝ふべし

との諭書を与えて、十一日にすべてを釈放した。十数日の間、おそらく大津村始まって以来の大騒ぎを呈したこの事件も、騒動の張本人の放還によって間が抜けたように納まってしまった。そして警備隊の撤収によって、村は再び元の静かな漁村にもどったのである。

私は先年これについて史料を集めるとともに、現地にも行って、地形や遺跡を調査し、古老の伝説などを聴取したが、奇談異聞も漠然としていて、事の次第はまず上述したところ以外は

あまり信じがたいようである。

二　世論のさまざま

さて、この出来事に読者はどんな感想をいだかれるであろう。ただの十二名に夜も寝られなかった当時の武士たちの狼狽を滑稽に思われるだろうか。あるいは、異国人に対する幕府の処置も村民の待遇もりっぱな国際信義の態度と思われるだろうか。あるいは単なる、捕鯨船にこれほど神経を使った鎖国政策の心の狭さを嘲笑されるだろうか。いや、問題はけっして、そのように気軽に論じ去るほど簡単ではないのである。それには、この事件をめぐる当時の国民の思い思いの見方をもっと深く分析しなければならない。

いうまでもなく幕府は、寛永以来、鎖国の政策を守ってきた。その始めは、幕府権力の確立と、外国侵略を防止しようとする平和維持の見地に基づいた。しかし、その後の幕府当局者は、この政策を唯一の防波堤と信じて心をゆるめ、世界情勢の変化に目をつぶり、ひたすら権勢の維持に努めた。やがてロシアが北から迫ったときにも、彼らは「祖法」にすがって安泰を続けようとし、ときには表面的な強硬をよそおい、ときには避戦のために見て見ぬふりをした。それは幕府当局者だけの態度ではなかった。国防の必要性が無視され、国内の戦乱もまず考えられなかったから、軍事力は著しく低下し、大部分の武士は軍人として無能力に近く、単なる官僚、いなサラリーマン化していた。賄賂や請託が公然と行なわれ、ときに合う者は驕りをきわめ、合わぬ者は窮乏に苦しんでいた。そのような人たちにとっては、世界情勢がどう変わりつつあるかも、わが国がその中で、どんな状態におかれているかも、心にとめて心配するほどの問題ではなかったのである。

一方、庶民はどうであったか。彼らはもとより情勢を知る由もなく、また、生業に追われて知ろうともしなかったが、漁民の中には、しばしば海上で異国船と遭遇した者もあった。たまたま難船して救助されたり、何らかの動機で巧みに彼の船に誘致された者は、珍しい食物や器具を与えられて歓待されたらしく、ついには密貿易を行ない、利を得る者もあった。文政年間、水戸藩内に舶来の品物が売買されていたことから事情が当局に知られ、数名の漁師が検挙されたが、その漁師たちは、なぜ、異国人と交易して悪いのか、なぜ、異国人を恐れなければならないのかと反問したという。大津浜の村民の中には、監禁された英人に同情を寄せて食物を運び、酒を供し、歌や踊りを見て喜び、娘が彼らと親しくなるのも止めなかったという。日本国民が西洋人に対して深い好奇心をもち、好意を示したことは南蛮人渡来以来のことであった。

ところで、遠く故国を離れて航海し、漁業を営む異国人を親切にし、病人を救助するだけなら、それはごく自然な、あるいは賞賛すべき態度というであろう。しかしこの場合、問題はそれだけであろうか。インドや南北アメリカの善良な原住民が、西洋の侵略者に対してとった態度は、冷酷で非好意的であったという者はおそらくあるまい。代官、古山の処置が問題となるとすれば、それは当時、幕吏や一般武士たちが世界情勢の検討に怠慢であり、ひたすら無事を望んで地位境遇の永続を図り、安楽をむさぼろうとする態度にあったということである。しかも、大津浜事件の意義はそれだけにとどまるものではない。

三　先覚者の心

古山の判断は、当時日本人一般の考えでもあったが、そのような判断と断然類を異にした人物がごくわずかながらあった。それは水戸藩の派遣した筆談役、会沢正志斎たちである。正志斎は、十二名中指揮官らしき者数名を筆談によって取り調べようとしたが、漢文も蘭語も、またロシア語も通用しないのを知って、一枚の地図と手真似によって意を通じさせようとした。その調査の苦心と探知し得た知識の深さは、幕府の役人をはるかにしのぐものであったことが、正志斎の記録『諳夷問答』によってわかる。西洋各国の国旗、国々の勢力と国際関係、宗教、対外政策などをはじめ、英と仏、西の戦争、ギリシアとトルコの紛争、ロシアのポーランド、トルコ、シベリアに対する侵略、さらに問題は英について「莫臥児(ムガール)印度ノ地ヲ一円ニ併セタルコトヲ知ルナリ」「南海中ノ諸島ヲモ三四箇所ヲ指テ皆イギリスト云」「呱哇(ジャワ)国嘗テ諳厄利亜(アングリア)ニテ撃取リシガ再ビ和蘭ニ帰シタリト云」など、かなり正確に英のアジア進出の情勢を知り得たのであった。そして、この英国の勢力拡大を彼らが誇らしげに高慢な態度で説明するうち、正志斎は、彼らが地図の上で英本国からインドを経て日本に至るまでの間を再三手をもって撫でるのを見て、かねていだいていた一つの恐るべき予感を強めたのである。その予感は、洋上にある母船がしばしば大砲を放って、わが国を威嚇しつつあった事実によっていよいよ強まった。

諳夷今度渡り来りし事交易のために来るとも云、又漁猟のために来るとも云、巷説紛々たれ共皆信するに足らず。

と書き始めた『弁妄』という一書に、正志斎は西洋のアジア侵略の形勢とその手段とを憂国の熱情をもって論じ、捕鯨船の背後にあるものに注意を促した。そして今回の事件も、

神州を蔑如せし事是より甚しきはなし、然るを神州の人にして枉げて彼を捕鯨乞物等と云なす事寇賊に荷担すと云共其罪逃れ難かるべし。

と憤激に満ちていい放った。この憤激が当時一般の風潮に対するばかりでなく、幕府当局に向けられたものであったことはもちろんである。彼は、このことをただちに水戸の恩師藤田幽谷に報じた。幽谷は当時彰考館総裁の地位にあったが、間髪を入れず一通の封事を藩主に呈した。それは、正志斎の取り調べは新井白石のシドッチ訊問以来のみごとな手ぎわであると賞賛し、幕府はおそらく一時を取りつくろって事を穏便にすませるであろうが、侵略の患いは未然に防がなければならない。そのためには、今日の政治を一新し士風を興起して防備を厳にすることが急務である、と年来の時務を述べて決意を促したのである。そして、同時に幽谷は十九

歳になる一人息子の東湖を大津に急行させ、もし幕吏がこれを放還することに決定したならば、英人を斬って神州の正気を発揮せよと命じ、自分は古川の帰路を、待ちうけて訊問しようとした。ところが、東湖の出発に先だって異国人の放還が報ぜられ、また、幽谷は藩吏に妨げられて共に実現し得なかった。そればかりでなく、藩主は、先の諫言に対して、「から学者は畏れすぎ、武人はあなどりすぎ候様に有之候」とのしらじらしい言葉で、この忠諫を無視してしまうのである。藩主をとりまく重臣、詩文に耽溺する腐儒も、また庶民も、幽谷や正志斎の憂いに耳を傾けなかった。そればかりか、改革をきらい、現状維持を願う権門勢家は事ごとに幽谷とその弟子を圧迫し、幽谷はその二年後、失意のうちに世を去ったのである。

しかし、大津浜事件で重大な予感を強め、憂いを深めた正志斎は、それより、世界情勢の把握と国内問題の解決策にいよいよ研究思索を重ね、その翌年、かの『新論』を執筆した。わが国の国体と国史を基本とする年来の正学は、ここに大革新の方策となって彼の憂国の熱血はほとばしった。そして、藩主哀公が亡くなるとともに、烈公斉昭を擁立しようとする正論の士は、一挙に保守的な重臣を一掃して改革の端緒を開いたのであった。刻々と迫る西洋の侵略に備え、わが国を護持し、独立を全うしようとする国内改革の先がけとして、水戸藩が「天下の耳目を一新」するような大革新を断行したのは、実に幽谷門下の優れた人材、なかでも東湖、正志斎たちによるものであった。そのころ『新論』は全国有為の志士によってひそかに熱読され、笈を負うて水戸に遊学する者は年々その数を増した。正論によって切り開かれた道はしだいに大きくなり、幕府だけが旧態依然たる保守性と腐敗のために、いよいよその醜さをさらすのであった。

欧米の船艦の来航がいよいよ繁くなった弘化三年、烈公は次のような歌を詠んだ。

幾歳か我が憂へ来しあやふさを
　今は現に見る世とぞなる

しかしそのとき、欧米のアジア侵略の怒濤のごとき勢いを押し返し、維新回天の事業を達成しようとする強い決意が、正学の必然の結果として国内各地に起こりつつあった。

一隻の捕鯨船が現われたとき、世を挙げての無自覚と非難の中に敢然として憂国の正論を樹立した先覚の念願は、ついに達せられる時がこないはずはなかったのである。読者は、これら先覚者の判断が何から生まれたかをもう一度考えてほしい。

遊　学

一　日本の目ざめ

世の大部分の人々が、自分一身の利害と幸不幸だけを考えて日々を気楽におくっているとき、一見、小さな出来事と思われるような事がらについても、ひしひしと迫る日本の危機を見破り、憂国の思いを押え得ず、その打開に努力を続けた先哲のことを、私は前に「先憂」という題の下に述べた。「天下の憂いに先だって憂い、天下の楽しみに後れて楽しむ」とは、国を思い道を求めるこれらの人たちの自ら期する信条であったのである。われわれは、その着眼の鋭さ、判断の深さに驚くとともに、現在の日本がはたしていかなる状態にあり、どのような方向に動き、どんな危機を蔵しているかを見きわめなければならない。そして、もし現状がこのままに放置できないと悟った以上は、一日も早く打開の道を立てて危機を救おうと決意しなければならない。こう考えるときこそ先哲志士の言行は、われわれに切実な当面の道を啓示するであろう。

先哲の憂いは、その始め大海の中の一滴の油のように小さな力であった。世人は、その言葉を思いすぎとして耳を傾けず、異端の説であるとして排斥し、過激の論を立てる者として弾圧さえしたのである。先哲にとって、大勢はどうにもならないものであるとの嘆きをいだかせたことも一再ではなかったに相違ない。文化、文政の頃には、そうした先覚者はわずかに水戸の藤田幽谷の門弟以外には、ほとんど見出すことができなかった。それが天保、弘化、嘉永とくだるにしたがって、水戸藩はもちろん、日本全国各地に共鳴者が現われ、同志が立ち上がり、そして嘉永以後になると、それら同志の緊密な連絡と同盟によって、時勢を推進する一大勢力にまで成長し、どうにもならぬと思われた「一世の怠惰」を覚醒させて、行き詰まりと破局を未然に転換して、明治維新の大業は見事に達成されたのであった。われわれは切実な志をもって、これらの先哲に、今日の日本の危機を打開すべき道を尋ねざるを得ない。

二　四方の志

ここに一つ見のがし得ないことがある。それは「遊学」である。「遊学」とはもちろん遊び学ぶことではない。『戦国策』の「遊学博聞」の語に出ているように、他郷に旅し、学問を窮めることである。しかし、ここにいう幕末先哲志士の遊学は、見聞を博めるにとどまらず、遊学の旅に出ること自体が自覚であり、求道の鍛錬であり、文武の切磋であり、同志の獲得であり、情勢の視察であり、方策の探求であって、つまり、一世の無自覚と迷妄をうち破ろうとする意志の実行であったのである。当時の法律では、一藩の士は他藩の士と交わることができず、他郷に旅することは特別の藩命による以外は絶対に許されなかった。したがって、遊学は浪人か特殊技芸家のほかはもともと不可能だったのである。だからこそ、一人の藩士が遊学に出ることは、自ら艱難辛苦によって鍛えるとともに、この現状を打破して、天下の士となる絶好の機会であったと考えてよい。男児の本懐「四方の志」にありと称したのはそのためであり、旅立つに臨んで師長に贈言を求め、戒めとしたのもそのためであった。

このような遊学が盛んに行なわれるようになったのは、天保の末期以来のことであろうか。実は天下に先んじて憂えた藤田幽谷や会沢正志斎も、遊学だけの目的で旅をしたことはなかった。しかし、京都の地を踏み、大阪を訪れ、伊勢、熱田の神宮を拝し、富士山にも登って実地に学問を錬磨したことは、どれだけ、その見識や事業に益したか計り知れないものがあった。東湖は青年の頃、四方の志切なるものがあったにもかかわらず、ついに果たし得なかったことを悔んで、旅に出る者があるごとに懇切に指教したのであった。桑原幾太郎が公用をもって京都に旅立つに際し、正学の道統わずかに京都と常陸に存することを説いて、

今子千里上途し、名山を攀ぢ、大川を渉り、奇聞必ず極め、壮観必ず尽し、京畿を周旋し、親しく皇都の尊厳を欽仰し、愈々神州の宇宙に秀出する所以のもの万万なるを知り、常陸の学を以て諸《これ》を京畿の儒に徴し、以て淵源の偶然ならざるを明かにす。豈偉ならずや。

と壮途を祝ったうえ、京畿と常陸の気風の長短を論じ、彼の地の士と相切磋して得るところを

私にわかち、あわせて天下の志士仁人を奮起せしめよ、と激励した。それは、日本の情勢「今にして変通の術なくんば、則ち茫々たる宇宙孰か神州の重きと京師の尊きとを知らん」という切実な思いに基づいたことであった(「送三桑原毅卿之二京師一序」を参照)。

また、荘司子裕の西遊に際しても、

今子裕、笈を負ひて千里、躬ら神京に詣りては万世天皇の崇重尊厳なるを欽仰し、浪華に遊覧しては豊太閤の英風雄図を想像し、至る所必ずその賢豪長者と交り、以て其の奇聞偉観を広めよ。風土人情悉く諸を胸中に諳んぜざるなくんば、則ち其の当世の務において、必ずや将に大いに心に得るところ有らん。

と教えたのは、当時の風潮が一般に武士はサラリーマン化して生活の安楽をむさぼり、職務を怠け、節義・廉恥などはかまうことなく、権力者の門にはしり、地位と利益を求めようとしていた当時の情態を打破しようとしたためであった(「送二荘司子裕西遊一序」参照)。

このようにして微々たる力であった先哲の念願は、しだいに四方に響き、烈公の名望と、弘道館の創立をはじめ、幾多めざましい事業の成果によって、水府の学は他藩有志のあこがれの的となった。その結果として、水戸遊学が日を追って盛んとなるのであった。

三　神　交

会沢正志斎画像（会沢安之氏蔵）

これらの志士たちの最も多く集まったのは、会沢正志斎の塾であった。かの『新論』に説かれた日本当面の急務と長計とは、その直接の切磋鍛錬を受けることによって、人々の魂を揺り動かし、情熱に点火したことであろう。しかも、正志斎が彼らに与えた指教は、それ以上に痛切なものであった。久留米の村上量弘は塾に学ぶこと二年、その郷里に帰るに際して正志斎に送序を求めた。それにはまず、世の旅を好む者には、風流の心を楽しませる者もあり、自己の職務上の参考にするために視察する者もあり、就職口を探して放浪の旅あり、国家を憂いての現状視察もあろう。今汝の旅は、そのいずれかであるかはともかく、かつて日本武尊が、西は九州の熊襲を伐ち、東は常陸から陸奥に至って蝦夷を払いしりぞけ、これによって日本の発展が得られたことを思うとき、その足跡を踏んだ汝は発憤奮起しなければならない。そして、汝の立志の堅さ、求道の鋭さをもって、今こそ日本の現情に思いをいたすべきである。山川を跋渉し、古人を追念して、今日にいかにして国家に報いるべきかを考えなければならない。自分は老いたりといえども、なお志を存する以上、千里を隔てても汝と神交を結ぶであろう、と記した後、

今夫れ国に仕ふる者、各忠を其の君に尽さば足らむ。然れども天下の士はもとより天下の士を友と

す。苟くも日域の民たらんには則ちもとより日胤の照臨を仰ぎ奉り、而して共に大将軍の政令を捧ず、其の息邪の言、膺懲の策、力をつくして夏をみだるをしりぞくるごときものに至りては、則ち同袍の義、もとより一国たり。蒼海は即ち天地、八洲は即ち一城、東西懸くと雖も勢ひ同舟にひとし。大義を踏みて以て天祖に報ずるに、何ぞ彼此を別たん。此以て子の行を送るべし。小倉に井上生有り。佐賀に増田福岡二生あり。皆嘗て余に従ひて遊ぶ。子西帰せば其れ此を以て之に語れ。

との言を与えたのである（「送二村上生一序」）。何という壮大な言葉であろう。藩という小さな世界に拘束され、自己の職業地位に没頭して、祖国日本を忘れ、世界の大勢を知らぬ者が世にみなぎるときに、「天下の士はもとより天下の士を友とす」といい放ち、およそ日本に生まれて、連綿たる皇室を奉戴し、政府の政令を受ける者、異端邪説を弁析して退け、不義不道を懲らしめ、皇国を侵すものあらば力を尽くして、これを払うことにおいては、国民はすべて同朋、国は一国、とりまく大海はすなわち、われらが天地、日本列島はすなわち一つの城塞たるべしというのである。千里遠く離れて神交を結び、同舟の思いをもって堂々大義を実践すべしといい、また、九州の同志を紹介してこれと結び、これと約せよと命ずるに至っては、明らかに運動開始の号令ではないか。水戸を訪れた多数の志士が、この教示を与えられた以上、全国に気運の勃興しないはずはない。また「一世の怠惰」を起こしえないはずもないのである。

四　水戸に学ぶもの

正志斎に学んだ同志が携え帰った『新論』を一読して、敢然と発奮した久留米の真木和泉守は、ただちに旅装を整えて水戸に遊学した。そして弘化元年七月二十日、水戸に到着するや否や、長途の旅の疲れをいやす間もなく、その日のうちに正志斎を訪れて入門を願った。さすがに真木和泉守の人がらは、この一事に現われて感嘆せざるを得ないが、その一声が山々にこだまするように、天下に響きわたった正志斎の偉大な力にも驚嘆する。しかも、このようにして水戸に来遊したのは、ひとり真木和泉守に限らず、これより次々とあとを断たなかったのである。

なかでも、水戸において啓発されるところ最も深く、そして、一世を動かす力の最も大きかったのは吉田松陰である。松陰はすでに二十一の年に九州に遊学して、あまねく人物を尋ね、数十巻の書を読み、国内の実情を視察し、海外の形勢をうかがった。後に『講孟箚記』に、「断然国を出て遊学をなす如きは、俗事を排去し、学事の外門を出でず。人に接せざることを得。是を以て心専らに志致して、学も亦進むこと百倍するなり」と説いておられるように、松陰は、遊学の実効を最も大きく発揮した先哲である。彼は嘉永四、五年にかけて長州から江戸へ、さらに水戸から東北を巡遊して再び江戸にもどった。ことに東北遊歴に出たときは、藩の許可を待つ間もなく、処罰を覚悟で出かけたほど期するところも深かったのであるが、それだけに水戸において学んだところは大きかった。

　はじめて会沢、豊田諸士にいたり、その語る所を聴くに、すなわち嘆じて曰く、身皇国に生まれて皇国の皇国たる所以を知らず、何を以て天地に立たんや。

　これがその述懐である。水戸の老先哲が、遠来の一青年に対して何をさとし何を説いたかは、この一語にはっきりと示される。すなわち、第一に国体の尊厳である。外敵の侵入をどうして防ぐか、国内の怠惰をどうして奮い起こすかという問題も、この自覚なくしては方策を立て得ないからである。松陰が、この根本問題について鉄槌のごとき切磋を受けたことは、松陰にとって何ものにも優る遊学の恩恵であった。それればかりでない。老先哲は、この切磋を与えた後、訪ねるたびごとに待遇きわめて厚く、少しも疑い隠すところなく国事を論じた。松陰は、このことを深く感謝している。

　水府の風、他邦の人に接するに款待甚だ渥く、歓然として欣びを交へ、心胸を吐露して隠匿する所なし。たまたま議論の聴くべきものあれば、必ず筆を把りて之れを記す。是れ其の天下の事に通じ天下の力を得る所以か。

　国体の自覚を第一の先決問題として日本人の自覚を促す先哲は、そのゆえに、「天下の士はもとより天下の士を友とす」といい、日本人をことごとく同胞と見、日本国を通じて一国となす博大なる気宇をいだき、そのゆえに他藩人に対して心胸を吐露して隠すことがなかったのは当然である。しかも、それはひとり一、二の先哲のみではなかった。水戸の有志は、当時いまだ無名の青年である松陰一行の来遊を聞いて、毎日毎夜宿舎に来集「劇談して往々鶏鳴に至るを常」としたという。松陰の水戸領内にあること二十七日に及んだのはこのためであった。回天の事業を自ら天下に先がけて断行しようとした水府の人々は、このような気概を有したのである。始めはわずか一、二の数にすぎなかった先哲の孤独な憂いが、やがて、その藩を立ち上がらせ、全国を揺り動かして、天地に溢れるばかりの正論の力を築き上げた過程は、これらの実際において明らかであろう。

五　道はどこに

さて、今日の日本はどこから、また、どうして打開すればよいのか。今から百余年前、文化、文政から天保にかけての日本の内外の問題、すなわち、深刻な停滞堕落と国際的独立の危うさは、表面的事象の隔りはきわめて大きいにもかかわらず、内面的には今日と少しも異ならないように思われる。しかも多くの人々にとって、その状態の危険さは意識されていない。一般にどのような方面の職場にも状勢に対する楽観が支配的で、現状に対する根本的反省が回避されている。それというのも、若い人たちは学校生活を試験勉強に終始して、そして、ようやく隘路を切り抜けて一つの職場に就職すると、それでもう小市民的サラリーマンの型にはまって安住し、小さな視野の現状維持的な人間ができてしまうのである。枠を越さない程度に怠け、レジャーを享楽し、それが平和で新しい民主主義の世の中だとして一応満足してしまう。彼らにとっての要求は、個人的な幸福の追求であるから、それを満足させるために、あるいは組合活動を行ない、ベースアップやボーナスの増加を願い、あるいは上役か資本家にこびへつらって、ひそかに地位の昇進をねらう。老年に近づくと当たらずさわらず、少しでも長くしがみつこうとするのである。国際的に重大な問題が起こっても、国内にどんな事態が発生しても、大部分の者は無関心でテレビのスポーツを見るほどの関心も起こらぬようである。そればかりか、労働組合は要求を通すためには、公衆にどんな迷惑を及ぼしてもかまわないと思っているらしい。たまたま職務に忠実なあまり、何か改善を図り弊害を打破しようとする者があると、野心をいだくかと疑って白眼視し、道義を説いて生活を粛清しようとする者があると、今ごろそんな窮屈なことはやらぬと嘲笑し、国家のためを思い、伝統を維持しようとする者に対しては、寄ってたかって右翼ときめつける。しかも、自分の利害を図るためには政府を呪い、資本家と闘って自然に革命家の策謀に利用されていくのである。

このような状態が官吏、銀行・会社員、教員など、およそ日本の各職場に見られる慢性無自覚の症状なのではないだろうか。しかも、その危険な症状は現に次から次へと広まりつつある。列車は転覆し、船は沈没し、会社がつぶれ、商品の劣悪さは外国市場で排斥され、官吏の汚職や横領が摘発され、学校が閉鎖され、議会が乱闘に陥り、外交が失敗する。それにもかかわらず、いつも責任のなすり合いによって、うやむやに葬り去られたり、政府攻撃のタネに利用されてしまうのである。世界の強大な勢力に動かされて、事ごとに対立分裂が深刻化しつつあるのは、国内のこのような情態によるのではないか。恐れるのは国全体の破綻である。それさえも思い過ぎとして耳をおおい、気楽に構えて日を過ごしているとしたら、それは幕末以上に困難な状態だとしなければならない。

だが真剣にこの現状を憂い、日本を救おうと志を立てた者は、これをどうにもならぬと傍観する態度を改めよう。もちろん、遊学だけで打開されるとは思えないが、先哲の苦心を実地に思うときに、われわれはまず、自己の現況を打破して一歩踏み出すことから始めなければならないのではないか。

稽古

一　真実の学問

「天下の憂ひに先立って憂ひ、天下の楽しみに後れて楽しむ」ということは、真実に国を憂うる者の態度であろう。しかし、それを為政者や特定の人たちばかりに任せておかず、国を憂うること、あたかも一身一家を憂うるように、責任をもって、これに当たろうとする者こそ、真に国を支える者である。私は前に「先憂」、「遊学」の二篇において、国を愛し志を立てた先哲に学ぶところを述べた。そして、つきつめていうならば、一滴の油にすぎなかった先覚者の憂いが、やがて多くの同憂者を得て四海に広がるまでには、

天下の士はもとより天下の士を友とす

という、俗的環境を超越した志と志との結合がなされねばならず、また、そのような志は、自らの状態に甘んずることなく、傍観者的態度を肯定することなく、進んでその殻を破らなければ確立し得ないことを知ったのである。自己自身の現状打破、それはけっして安易なことでは

ない。多くの先哲志士が遊学の旅に出た真意は、たとえば、薩摩の志士肝付海門の「吾艱苦を経て以つて錬磨せんと欲す」というような、積極的決意があったことを忘れてはならない。しかし錬磨といっても、ただ受動的に困苦に耐えることによって、何ものかを得ようというような漠然たる企てならば、それはおそらく無意味であろう。われわれが先哲の行状をつまびらかにして深く思い当たるものは、学問の力の偉大さである。それは遊学するとしないとにかかわらず、先哲をして憂国の至情に燃えさせ、志を立てて自ら国事に挺身させたばかりでなく、全国各地の有為の士の魂と魂とを一に結合し、ひいて全国の人心を一にして祖国の艱難を打開し、明治維新の大業を成させたものこそ、実に真実の学問、すなわち正学があったからである。会沢正志斎が天下の士を友としたのも、学問によって真に結ばれたものであったからこそ、各地に正学が興り、松陰が「皇国の皇国たる所以」を自覚したのも水戸の学問の力であれば、かの松下村塾が「神国の幹」となって、幕末から明治の日本を指導する人々を生み出したのも、つまり真の学問の効果ではなかったか。

しかし、今日の日本において、学問ははたしてどのような意義をもっているであろうか。学生は受験や就職のための勉強を学問だと考え、教師は明日の授業の教材研究を、学者は微細に分化した専門研究を、政治家は？　外交官は？　軍人は？　また一般国民は？　なるほど、今日の世界は大国の勢力によって左右され、国の政治は議員の多数決で決められ、国防は原子兵器により、一般国民の与論はジャーナリズムが指導する、という状態では、学問の力がどこに発揮されるのか、なぜ、学問が必要なのかを考える余地すらないかもしれない、うっかりすると学問というものも、食うための手段以外にないとさえ考える者もありかねないであろう。このような現状では真実の学問といっても、おそらくピンとこないに違いない。

たしかに、人間が物質的に考えられ、質よりも量が重んじられる時代に、学問が尊重されるわけはない。しかし、それだけに、人間の価値を改めて見直し、不当な物質的取り扱いを拒否して、人間の尊厳を認識しようとする人々には、人格の根源が学問教養にあることは当然のこととして認識されなければならない。過去の時代といえども、すべて学問を尊重したわけではなく、真の人となろうとする意欲をもつ者にのみ学問の意義があり、それが活用されたのである。そのような人々において、「学は道を学ぶ所以、問は道を問ふ所以」といわれ、学問は人間のあるべき姿を見出すために必要不可欠のものとされた。佐藤直方が「いやでも知らねばならぬ。知らねば畜生なり」といったのも、その最も端的な表現である。しかし真に優れた人物は、その学問の意義をさらにもう一歩つっこんでいた。

学問思弁は固より日用常行の為なれ共、日用常行は無学にても可也に出来る者衆ければ、是を以て学問思弁と罵るに足らず、必ずや大節大義に明らかに、天下の大乱人倫の至変に至て謬戻《びゅうれい》なき如く常々工夫すべし。是学問思弁の功に非ずんば悪《いづくん》ぞ能く是に至らんや。(『講孟劄記』)

と説いた松陰は、切実に国を憂い、自ら救国の任を負おうと志を立てたので、学問をここまで追求したのであった。それはひとり松陰にかぎらない。数多くの先哲は皆非常の場合を考えて心を砕き、切磋を積んだのである。

　このような先哲の学問において、共通に見出す学問の態度、それは「稽古」である。それは日用常行のためはもちろん、重大な変事に処する自己自身のあり方も、さらには国家の急務、百年の大計にいたるまで、先哲は「稽古」の学問によって道を求めた。今日稽古といえば茶道や華道あるいは武道などにおいてのみ用いられるが、本来、「稽古」とは『書経』に「稽二古帝堯二」とあるように、古を考えて今に引き比べることをいい、ひいては学問、学習をさしてすべて「稽古」といった。太安万侶の『古事記』の序に「古を稽《かんが》へて、以て風猷を既に頽《くず》れたるに縄《ただ》し給ひ、今を照して以て典教を絶えなむと欲《す》るに補ひ給はずと云ふことなし」とあるのは、その古い用例であるが、国を思う先哲の求めたところ、一にここにあったから、「稽古」「稽古照今」「稽古徴今」などの文字は随所に見ることができる。ところでいったいそれはどんな意義をもつものであろうか。

二　古堂の記

　この「稽古」の意義を明らかにしたものに、藤田東湖の「古堂の記」という一文がある。それは彼が幕府の弾圧を受けて幽囚の身となった弘化元年、三十九歳のとき、親友である医者の楊子長から、書斎の記を求められて作ったものであるが、その書斎が古堂と名づけられたことから推し進めて、学問の真義である「稽古」を説いたのである。

この中で東湖は「稽古」の学の必要を、まず当時の実状から説かれる。

今夫れ庸人俗吏、古を非として今を是とし、齷齪自ら用ひ、其の心の怪鬼に類するを知らざるもの、往々皆是れなり。

現在を謳歌して過去を軽蔑する人々においては、判断ことごとく私見によるのほかはない。しかも、その私見が小知小才笑うべきものにすぎないことを自分では知らないでいる。これが一つの現状である。第二には、

而して腐儒迂生古書を読み古訓を誦し自ら謂ふ、時務に通ずと。ただに其の講ずる所皆古人の糟粕、これを今に施すべからざるを知らず。

古書を読み、古人の教えを口に唱えているだけで、今日の国務を裁き得ると考えている学者たちも、実はその説くところは、古人の躍動する精神ではなくて、いわば糟粕にすぎないことを知らないでいるという現状である。そして第三は、

才臣智士、儒生迂腐の実用に適せざるを視、遂に併せて、古訓を廃し、自ら謂ふ、機警権数、以て一時を籠絡すべしと。

学者のいうところは迂遠の論で、現在の役に立たないことを見て、才知ある者は学問そのものをも軽侮し、ひいては古人の優れた精神さえも顧みようとせず、ただ自己の才知をもって策を

めぐらし、計略をたてれば、当面の国務を切り回すことも容易なことだと考える。それが今日の現状であるから、いたずらに国民を愚弄するばかりで、国の大方針は明らかにされず、国民もこれを信頼できず、結局「大道の明らかならざること職として是れ之による」のである。こう東湖は述べられているが簡潔にいえば、当時の指導的役人たちは、私見をもって判断し、才能知略に任せて国事を処理しようとし、学者は陳腐な古書に没頭して歴史の神髄を把握せず古人の精神を理解しないということが、国家の混乱停滞の最大原因であるというのである。さすがに東湖は、時弊の根源を突きとめること、抜群の鋭さがある。ところが、これを深く吟味するとき、それは百年前の状態ばかりでない。学問が学者の専門的研究や学生の進学就職の方便と見なされる半面、大なり小なり国家の運命に携わる人々は、ただ私見と才知をもって国策を論じ、経済を論じ、国防、外交を論ずるものの、百人百説で確固たる長策なく、国民を納得させるにいたらない。いささか異なるところは学者の論ずるところが、古人の糟粕というより外国の糟粕であるが、現在の日本にそのまま当てはまらぬことを知らない点では同様であろう。

さて東湖はこの現状を指摘しつつ、何を説かれるのであろうか。

夫れ明鏡は形を察する所以、往古は今を知る所以なり。故に虞書稽古を称し、孔聖も亦古を好むの語あり、然らば則ち面貌を視んと欲する者、鏡に非ずして何にか資《よ》らん。時務に通ぜんと欲する者、古を捨て丶何をか徴せん。其の淬磨発明何如を顧るのみ。

と説かれる。歴史を鏡に比することは、漢土に『資治通鑑』『宋元通鑑』などというのがあり、わが国では『大鏡』『今鏡』『増鏡』『吾妻鏡』などの書があるとおり、鏡が自己の姿を映し出すように、歴史が現在を認識し理解し批判するよりどころとなることは、いつの時代にあっても変わるところはない。たとえ、歴史学は科学であって教訓ではないと主張する者があっても、史書を読む人の心はまたさまざまであろう。歴史を学んで現在を認識、理解、批判する学問、すなわち「稽古」の学問が、今日当面の道を明らかにしようとする者に、必要不可欠であることは明らかではないか。「稽古」の学問の意義は、この点において今日も重大性をもつのである。

しかし、「稽古」すなわち歴史の学問だとするならば、その学問は、すべて道を明らかにするに足りるといえようか。古今の歴史書はそれこそ汗牛充棟、史観の点でも、種目分野の点でも千差万別である以上、これを究めることは、とても一般の人のなしうることでない。東湖はその疑問に答える。

具眼の士固より宜しく其の糟粕を去り、其の純粋を掬し、其の陳腐虚誕なる者を斥け、而して其の精英確実なる者に帰せしむべし。

と、それは一言でいえば、歴史の神髄をつかむことである。枝葉末節を捨てて根本的なものを求め、俗説謬説を取り除いて精確なものを把握し、時代の基底を上下一貫するものを認識するとともに、縦横に時勢を見通して、「宇宙の大なるもの、これを一瞬に撫すべく、古今の邈《はる》かなるもの、視ること猶朝暮の相沿ふがごとく、謂ふ所の汗牛充棟の夥しきも、之を指顧の間に駆使す」という状態に至って、はじめて「稽古」ということができるであろう。いわゆる「稽古」の学問は、このような学問を積むことであり、その学問によって国家当面の急務を判断し、自己のなすべき道を得ようと努めることである。その学ぼうとするところが、日本の歴史を第一とすることはいうまでもない。彼はしばしば自分の畢生の念願は、

古を稽《かんが》へ今に徴して神聖の大道を発明し、武を尚び文を右《たす》けて天地の正気を鼓舞す。

ということであるとし、また、人にもこれを説かれたから、その自筆の書は現在数か所に残っている。東湖の人物を知るには、この一語を味わわなければならない。

三　『弘道館記述義』

「古を稽《かんが》へ今に徴して神聖の大道を発明す」とは歴史を考え、これを現在に照らして日本の道を明らかにしようということである。東湖の生涯を思うとき、この学問は一貫して探求されている。父幽谷の在世中は、一意専心その教えを聞いてこれを継承した。幽谷の学問自体が稽古の学であり、日本の道を明らかにしようとするにあったのである。しかし二十二歳のとき父の死にあってからは、同門の会沢正志斎や豊田天功たちと切磋しながら、自分で学問を掘り下げていった。東湖は今日にいうような専門の歴史家ではない。むしろ彼の事業は、烈公を助けて水戸藩の中興を成し遂げ、その精神を全国に広めて、回天の事業を達成しようとするにあったし、実際の功績としては、天下の志士を指導し奮起させたことであろう。しかし、それを果

たさせた根源は、歴史家も及ばぬ学問の力であり、これによって得た精神の力であった。彼にとって、二十七歳から三十歳にかけて江戸通事の職にあった時と、三十九歳から四十一歳まで江戸に幽閉されたときが、学問に沈潜できた時期であり、そのほかはほとんど国事に奔走していたが、その間も学問は常に深めてやまなかった。その学問の過程、努力の跡はしばらくおき、その成果をみようとすれば、何よりも『弘道館記述義』によらねばならない。

神州の大道を明にいたし候に至り候ては、弘道館記述義と申す著述脱稿仕候間、僕が生平の学問見識他日是にて御承知下さるべく候

とは、弘化四年重病を患って不起を覚悟し、遺言のつもりで高橋多一郎に与えた『こゝろのと』の一節である。『弘道館記述義』は、ただ『弘道館記』の精神を敷衍し詳述したものであるばかりでなく、彼が畢生の苦心を払い、そして自信をもって後世に残された「日本の道」の書であった。われわれはこの書を熟読すると、彼が「古堂の記」に説かれたとおり、「其の純粋を掬し、其の陳腐虚誕なる者を斥け、而して其の精英確実なる者に帰」した日本の歴史、すなわち「神皇極を立て統を垂れ給ふの跡、聖賢己を修め人を治むるの道より、以て治乱興亡、成敗得失の機に至る」まで、明快にそして簡潔に記されているのを見る。日本の歴史は、このようにして、その精髄を把握し、「稽古」の学問はこのように今に徴せられたのである。

思うにそれは、ただ漫然と歴史に対するものではなく、当面の日本の進路に深い憂慮をいだき、小知小見をもってみだりに策をたて謀をめぐらせることの僭越さに気がついて、伝統の前に

謙虚にぬかずき、日本の道を求めようと志したことに基づくのである。そして、道を求めようとする謙虚な態度があればこそ、歴史に対しても臆測をもって私説をたてたり、古人の心をことさらに疑って悪意に解釈したりすることなく、公平な心をもって、微細に究明したのであった。その一例をあげれば、道の淵源である古代について、儒教に心酔する者のとらわれた偏見を論駁するとともに、仏教、老荘思想、陰陽道などをもって神話を解釈する神道家の怪説を排して、公平無私な舎人親王の記述法、実証的な斎部広成の態度、謙虚でしかも確固たる北畠准后の精神、あるいは精密な国学者の古典考証などの中から取るべきものを取って日本の道の淵源を明らかにしたごとき、当時の史家でさえもとうてい及び得ぬ識見というべきであろう。このようにして、『弘道館記述義』はわが国の政治の得失の原因、革命がなかった根本の理由が、この大道にあることを見出し、ここに日本の永遠の道を明らかにしたものである。読者は願わくば自らこの書に沈潜されたい。

そのゆえに、この書がひとたび世に流布してから、天下に絶大の影響感化が興った。真岡の小山春山が、その写本の奥書に、「方今天下の士、其の風を聞き、其の書を読む者、感奮興起して王事に勤め夷狄を攘ひ、以て列聖煦育の恩に報ゆるを思はざるなし」と記し、信州の長谷川昭道は、また、この書に跋して、「述義の二巻、実に二千年来の精言至論、神州一日として欠くべからざるの書なり」と感嘆したのであった。東湖の明らかにした道は、このようにして多くの日本人を道に目ざめさせ、そして国の難局を打開して、日本を真の姿に復興させたこと、ここに改めていうまでもない。

四　逆転

しかし明治以来の日本は、西洋文明の流入と思想の変化によって、再び「大道の明かならざる」状態に逆転させられた。それはけっして封建社会から近代資本主義社会への変貌というような、社会の潮流のゆえばかりではなかった。学問がその力を失い、歴史がその詳細な考証研究にもかかわらず、日本の道を示すどころか、かえって混乱させ、疑惑と軽蔑の念をもって冷やかに見くだされているのは、はたして何のゆえであろう。

今日、わが国の思想界を風靡するマルクス主義者が、日本歴史をどのような意図で研究し公表しているかは、次の一文から汲みとることができよう。

古代史の研究も同様に革命的実践運動の要求によって開始された……日本のプロレタリア階級の解放運動が発展するに伴って、その解放を妨げている正面の敵が天皇制であると云うこと、従って天皇制に集中的に表現されている日本の封建的残存勢力の打倒による民主革命なくしてはプロレタリア階級の解放が不可能であるということが明らかになるに至って……日本民衆の天皇と国家に対する信仰を、それが歴史的発展の所産であることを明らかにし、従って絶対的な存在でないことを立証することによって打破し、民主革命のための主観的条件の成熟を促進する為に要求された……（『日本史研究入門』）

これによれば唯物史観による日本歴史の研究は、革命の正面の敵である天皇制を打倒し、プロレタリア階級を解放しようという実践運動のために進められていることが明瞭である。

これだけを見ても、今日こそ、「稽古」の学問の緊要にして急務であることを自覚しなければならない。しかも、それは東湖の時代に数倍する勇気と努力を必要とする。だが頼るべきは、先哲の教え以外に何があろう。

直　諫

一　文化、文政の世相

「今日の国情、一体どうすればこの滔々たる満世の安逸、遊惰、利己、傍観の風潮を一洗して、勤勉と協力の精神を振起し、対立や紛議、紛争を解決して挙国一致の体制を確立し、邪説俗論を撃破して日本の正しい道を明らかにし、そして、外より襲い来る侵略の魔手を払い去って平和と発展の途を邁進することが出来るのであろうか。一体、我々はこの理想を実現する為に何処から手を着けて何を始めたらよいのか。又、一体誰にこの念願を訴えればよいのであろうか。」

これは、人に先んじて目ざめたために国を憂えることが深く、人より進んで道義の重いことを自覚したために、一身の利害生死を踏み越えて覚悟を定めた、先哲の嘆きであった。

時は今から百五十年余りのいにしえ。日本はまさに暗夜の中をさまよっていた。

何事も左様でござるご尤も

何とござるかしかと存ぜず

有名なこの狂歌は百千言の説明にも勝ってあざやかに、当時の役人、すなわち武士の惰気満々たる態度を物語っている。「近頃無いものづくし」のことわざには、「金を使わずになった役人」とすっぱぬかれるほど、賄賂が盛行していた。農村は崩壊に瀕し、離村が起こり、一揆が頻発する一方、都市の町人は奢りと享楽をきわめた。しかも、学者は詞章詩歌に耽溺して道を究めず、まれに道義を口にする者はあっても実行をきらい、私説を主張する者はあっても人道の大本を知らない。しかも、このような時も時、北にロシアの勢力が迫り、南にイギリスの触手が延びていた。……寛政の末から文化、文政の国情はまさにこのような状態であったが、これを憂い、そして嘆く者はまことに少ないありさまであったのである。

ところが、それより五十年ほどくだった後の国情をみると、それは何という驚くべき変わりようであろう。江戸にも、京都にも、また地方地方の城下でも、目ざましく活発な言論と自信に満ちた運動が、一つの目標に向かってぐんぐんと進められていた。特に気概あふれる青年たちが、国家の危急を見て立ち上がり、友を誘い、先輩上層を動かして、その勢いはとうとうとして洪水のように、怒濤のように大勢を決していた。そうなると黙っているものは、いつの世にもある明哲保身の徒か、無気力、無能力の者ばかりであった。吉田松陰は『孟子』を講じ、

時に遇ふも遇ぬも皆天に任せて顧みず。我に在りては道を明にし義を正しうし、言ふべきを言ひ、為すべきを為すのみ。是を以て孔孟終身世に遇はずして、道路に老死すれども、

是が為めに少しも愧づることなく、倦むことなし。

と、志ある者の道を明らかにしている。往年の武士と比較するとき、何と大きな差であろう。天保、弘化、嘉永、安政と、この五十年ほどの時勢風潮の変化、それははたして何がそうさせたのであろう。歴史を学ぶ者は、このようなところにこそ重大な関心を払わねばならない。そして真に歴史の推進力が「人」にあり、人の「志」にあることを確信する人ならば、この原因が先覚者の容易ならぬ努力にあったことを想察し得るはずである。まさにそのとおり、この五十年こそは、始めには未だ表面にあまり現われないほどであったが、少数の先哲の血のにじむ努力によって鉄の障壁が突き破られ、不断の薫陶錬磨によって惰夫も志を立て、その志が言論や事業に展開されて、ついに大勢を揺り動かした期間であった。

私は前に、この先哲たちの先憂後楽の念やむにやまざるを思い、天下を跋渉して遊学した切実の志を尋ね、現状を憂うるがゆえに歴史に沈潜した「稽古」の学について教えられたが、学ぶべきところ、究むべきところは無限にあるだろう。ここに述べるところも、また、その一端にほかならない。

二　楊椒山を忍んで

嘉永四年、水戸の豊田天功の塾で『楊椒山全集』という一書が編集出版された。それには天功が自ら序を記しているが、同学の藤田東湖もまた求めに応じて一文を作り、巻頭に収められた。これは二人にとって忘れることのできない思い出があったからである。東湖はそれを、

余年十六七、豊君は余に長ずること一歳、嘗て二三の同志と斯の集を読む。君悲憤痛恨、且つ泣き且つ誦む。一座悚然として感動す。今を距ること三十年なりき。

と述べている。三十年前に涙を流して感動したこの書とは、いったいどんな本なのか。楊椒山とは明の人で、名を継盛といった。貧しい家から身を起こして明の王室に仕えたが、当時厳嵩という大臣があって、帝の恩寵をほしいままにして専権をふるい、その弊政害毒が一世を乱していた。しかも、その権勢を恐れて誰一人としてこれを諫める者もなく、排斥する者もなかった。このとき、椒山は敢然として立ち、処罰を恐れずに皇帝に諫書を呈し、厳嵩の十大罪をあげてこれを弾劾した。それなのに皇帝は、これを聞かず、かえって椒山は厳嵩のために惨虐きわまる死刑に処せられたのであった。その楊椒山は必ずしも高名の士というほどではなく、しかも、世人この行為を愚直だといって非難する者さえあったのに、水戸では深く彼を尊重した。その直諫の至誠に感動し、「身を殺して仁を成す」の義挙に感奮したためである。天功が、この文集を出版して同志に広めたのは深い意味があったのである。

ところが、この椒山の文集に感泣したのは、その至誠に感動し、悲壮な最期に同情しただけではなかった。この直諫の精神こそは、東湖の父であり、天功の恩師である藤田幽谷が身をもって時艱を克服し、国難を救わんがため幾度か実行したことであり、そして、そのたびに、あ

るいは処罰され、あるいは嫌疑を受けながら、なおも生命のあるかぎり必ず目的を達しようと、断じてやめなかったのである。三十年前の感泣は椒山の志を思いやるばかりでなく、現にいま椒山と同じ思いに立ち、そして、あるいは、同じ運命に終わるかもしれない恩師を思う涙であったに相違ない。

藤田幽谷は、実にこの世の孤独な先哲であった。しかも、その志の高く、学問の正しく、その至誠の厚いことは当世において比べる者もなかった。実に後世の水戸学派の基を築き、維新の運動の端緒を開いたのはこの人であった。その幽谷の事業はけっして少なくなかったが、終生を貫いて最も心血を注いだものは藩主に呈した封事である。『幽谷全集』には二十数通の封事が収められているが、そのどれを見ても、ただ一念国を憂い、道を思って一身の功罪を少しも顧みない忠烈の直言である。幽谷の全身全霊は、実にこれらの封事に表わされているといっても過言ではあるまい。自己自身の問題解決のために先哲に学ぼうとする者は、これらの点においてこそ深考熟思しなければならない。

三　幽谷封事

幽谷の最初の封事として今日残るものは、いわゆる「丁巳封事」である。それは寛政九年、幽谷二十四歳のときに藩主文公に呈しようとして記したもので、堂々実に七千余字の漢文で作られた大諫書であった。寛政九年といえば、文化、文政よりもさらに数年さかのぼる。松平定信引退後四年、一世を緊張させた寛政の改革もすっかりゆるんで、田沼時代への逆行がすでにうかがえる世情だった。そのうえ五年前ロシアの使節が根室に現われ、武力をもって要求を突きつけ、近海にしばしば異国船が出没しているのに、人々はいつまでも平和の美酒に酔いしれていた時であった。

この時幽谷は、小十人組兼彰考館編修として『大日本史』編纂の業に携わっていたが、すでに学問卓抜し、高山彦九郎などは、かねてから深く幽谷に期待を寄せていたとはいえ、一古着商の次男に生まれた彼が学業の才をもって史館小僧に召し出され、藩士の地位に取り立てられてからまだ十年しかたっていないのである。その微賤の学徒が門閥碩学にもはばかることなく、藩主に諫書を呈するということは僭越のきわみ、思い上がりもはなはだしいと見るのが普通であろう。しかし、すでに十八歳のとき、威勢赫々たる老中、松平定信に対し、君臣の大義をもって幕府の非を責めようと『正名論』を著わして呈した幽谷のことである。彼は、どんな処罰も恐れるところではない。国家の危急を見て黙視することのできない気持ちを披瀝し、ひそかに藩主の発奮を促そうとしたのであった。その冒頭の文章を見よう。

臣聞く、未だ信ならずして諫むれば、則ち人以て己を謗るとなす。唯明主のみ能く尽言を受く、狂夫の言と謂も必ず察したまはん。臣一介の書生、学識浅陋、時務に通ぜず、而るに愚忠の性、諸《これ》を天賦に禀《う》く、罪戻を顧みず敢て瞽説を陳べたてまつらむ。

諫言諫書を呈するということは常に至難の道である。直諫は先陣よりも難し、とは古来いわれるところであった。同僚間の苦言忠告でさえ不快な感情なく聞き入れることはなかなかむずかしい。まして自分より地位の低い者、年少の者の意見がましい言葉や、反省を促す言葉は、自分の自尊心を傷つけ、生意気に思われて心よく聞く気持ちにはなれないものである。また、自信をもって事を行なっているときなどは、特にそばから口出しをされることは腹の立つものであろう。しかし、真面目に忠告し、諫める者にとっては、いうべきことをいわずに黙するのは正しい道ではない。幽谷は、この道を守り、分を尽くそうとするのである。その言葉はいたって謙虚であり、礼を尽くしたものであることを注意しなければならない。

以下幽谷封事の文意を要約して掲げよう。

「現在国家(ここでは水戸藩をさす)の財政は年々窮迫し、士風は月ごとに衰え、国民は日ごとに困窮しております。政治の全般を見ますに、それは重病人が呼吸困難に陥りながら、心臓だけはどうやら動いているといった状態でありましょう。しかしもし今、外部から大きなショックでも受けましたならば、もう、どんな名医でも匙を投げるほかはない状態となりましょう。閣下(藩主文公をさす)は学問において聖賢にも恥じず、政治的識見もまことに優れておいでになり、しかも、学問事業の一致すべきことは十分にご存じと拝察いたします。しかし、それにもかかわらず、実際の政治が、こんな状態に陥ったことは何という矛盾でありましょう。

そのため世間では、閣下はわが藩の実情をご存じないのか。あるいはご存じなのか。もしご存じとすれば閣下のご学問は全く道楽であって、国家に益なきことであると悲しんで申しております。私の愚考いたしますところ、これは閣下の過ちではございません。その責任は今日の学者共にあります。腐儒共は口に道を説きながら事業をきらい、富国強兵などというようなことは覇術である、邪道であるとして排斥し、あるいはまた、口に高遠な理論を唱えながら、現実の世にそれをどう活用すべきか「変通の機」を知らないのであります。そのゆえに閣下は、このような学者の意見を用いたまわず、政治は無学の官吏たちにもできると考えられてお任せになるでありましょう。官吏はとかく、目前のよろしきに従うよう政策制度をもって何とかしようとするにすぎませんから、ついに道にはずれ、大局を失い、今日のごときありさまに陥ったのであります。

私はかねてから、この一事を一言申し上げようと思いながら、自分の未熟浅学を省みて遠慮いたして参りました。しかし、今日剛毅正直の風はすっかり失われ、誰も直言する者もなく、国家は一日一日と衰えていくのを見て、何としても憤激にたえず、ついに決心いたしました。私は、歴史を学び書を読みながら、現実の世に何のお役にもたたず、また、修養切磋に励みながら閣下のあやまちを見て正すこともできず、ただ形ばかりの礼儀、小さな道徳のみにこだわり、学者としての評判や人気をのみ気にして、国家のご恩に酬いられないことを最大の恥といたします。私は士として閣下にお仕えしてから十年、大義大節においては確固として自ら守って参りました。今回、江戸に参りましたが、帰郷の日も遠くありません。この機会を失ったならば、またと機会はないと存じますので、ここに胸中を吐露し、千慮一得の愚をいたしたいのでございます。」

以上は封事の前書きで、しかも全く文意の一端であり、これによって幽谷の心を尽くすことはとうていできないが、本文を読めば直諫を呈した幽谷の熱誠と国家政道の根本を明らかにした見識が、その文章にあふれ、せつせつとして胸に迫る思いがするのである。

四　改革の建白

幽谷は以上のような前書きの後、はたして、どんな意見を建白するのであるか。その詳細をここで紹介する余裕はないが、藩主文公に対して大改革の英断を願う理由は、深く時勢を通観し、広く世界の動きを洞察しての見識に基づいた。

「近代の日本（ここでは近世をさすことというまでもない）は武家政治の体制をとっておりますが、戦国以来の動乱が治まってここに二百年になります。国内は平和が続き、治安も確立されて何の不安もなく、国民は一生を終わるまで戦争の災を体験いたしません。このような平和の永続は、わが国の歴史上まことに未曾有のことでありましょう。しかし、国防治安の任に当たるべき武士が、職禄を代々世襲し、しかも酒色に溺れ享楽にふけって軟弱になり、戦争の危険を忘れて酔生夢死するという今日の状勢もまた、史上未曾有のことでありましょう。しかも、このような時も時、ロシアは北辺からわが国のすきをうかがい、着々南下政策を進めつつありますが、憂うべきは今日の国民が小知に甘んじて世界の大勢を知らず、小国の分も知らずに、大国の野望を笑って問題にしようともしないことであります。それは薪の下に火をつけて、その上に横たわり、火のまだ燃え上がらないのを見て楽観安心する状態でもありましょう。今日、日本の憂いはこれより大きなものはありません。しかも、わが水戸藩は海岸に面し、外敵に直面する位置にありますゆえに、警備も最も厳重であるべきはずであります。閣下、はたして今日、因循姑息に歳月を費やし、無為に日を過ごしてよい時でありましょうか。三家の一である水戸藩主として、もしも幕府から、当面の対策について諮問をお受けになりましたとき、閣下は黙々としておいでになれましょうか。必ずや胸中に成算がなければなりますまい。そのためには、今のうち閣下自ら発奮され、群臣を励まして現状を打破し、一大改革を断行する勇気を必要とするのであります。」

二十四歳の青年幽谷の胸中には、このようにヨーロッパ勢力のアジア侵略に対抗すべき強力な国家体制樹立の先がけとして、水戸藩改革の成算が確立されていたのであった。改革の目標を簡単にいえば、富国強兵である。崩壊に瀕した農村の復興、窮乏に陥った藩財政の立て直し、堕落腐敗した士風の振興、著しく無力化した軍備の強化、そして、そのために藩政に携わる人事の刷新、すべて詳細な計画が確固たる自信をもって述べられているのである。それは、非常の事態に望む非常の策であった。ゆえに幽谷はいう。

「閣下何を憚りてか敢て為したまはざる。臣竊かに閣下の為にこれを惜しみたてまつる。」と。かくて激烈なる文辞を呈するの無礼を謝し、「舎に帰りて罪を待つ」と結んだのであった。

五　幽谷の悲願

ところで幽谷は、微賤の地位にあったので、このような諫書を直接に藩主に呈する資格をもたない。それで、ひそかに先輩、長久保赤水翁に託して、この目的を達しようとした。そこで赤水はこれをまず、文公の弟である松平大炊頭頼救(謙山と号す)に提出して、取り次ぎを願ったのであるが、この諫書を一覧した頼救は、一面、幽谷の至誠に感服したものの、あまりにも激烈の言葉が多いため、さっそく赤水に返書を記し、「一体の論は中々狂言妄語にこれなく、随分正論これあり候へ共、余り憤激甚だしく高覧にも入れ候はゞ、かへつて不首尾の筋にも落ち候ては気の毒」であるとして、二、三か所批判を加えたうえ、ついに却下してしまった。赤水から事情を知らされ、かつ、厳しい注意を与えられた幽谷は、悲嘆痛憤やる方なく、その衷情を赤水に打ち明けた書状が『幽谷全集』に収められてある。

こうして幽谷の直諫は、文公に達することができなかったばかりでなく、このことのため不敬の罪をもって職禄を奪われ、この年の晩秋、幽谷は寂しく水戸に帰って謹慎するのであった。だが幽谷の精神は屈しなかった。やがて文公が亡くなって武公の世となり、また、次いで哀公の代に至る間、二十数回の封事を呈し、念願を果たそうと努めてやまなかった。

しかしそれでも、幽谷の悲願は達せられなかった。幽谷の没後、やがて烈公の立つと同時に、あの大改革が断行されたのは、実に幽谷の遺志を継いだ東湖、会沢正志斎、豊田天功らの至誠直諫によったものであることを忘れてはならない。

積　誠

一　日本革新の書

藤田幽谷の深い憂国の念に基づく改革の意見が二十数回も提出されたのに、これが一度も取り上げられなかったというのは、時の勢いがまだ熟していなかったためであろう。時の勢いというのは、改革の条件である。それは藩の先頭に立って改革を指揮すべき藩主と、その側近にあって藩主を助けるべき重臣とのいずれかに欠点があったことは否定できない。しかし、その外に幽谷の同志や一門の間に、まだ気運の高まりが十分でなかったために、改革の主導権を握り得なかったことも大きな原因であろう。だからといって、改革の理想や方法が間違っていたということはできない。というのは、やがて幽谷の歿した三年後に急速に断行された水戸藩の改革も、これより三十余年後に達成された日本の大改革、つまり明治維新も、その指導原理というべきものは、大綱においてほとんど幽谷の在世中、彼とその一門によって樹立されていたからである。

指導原理というばかりではない。具体的な政治、経済、外交、国防の策まで、すでに詳細に研究され、記述されていた。その最も代表的なものは会沢正志斎の『新論』である。『新論』はいわば日本革新論ともいうべきもので、それは文政八年三月に完成した。文政八年といえば、水戸領に十二名の英人が突如上陸して来た、かの大津浜事件の翌年である。若い頃から西洋のアジア進出の勢いを深く警戒し、とくにロシアの東進によって、わが北辺にその侵略の手が伸びたことを憂憤し、『千島異聞』という書物を著わして、その真相を究明した彼は、大津浜の英人を取り調べて、南アジアから太平洋、そして、わが国の周辺にイギリスの勢力が及びつつあることを知り、いよいよ危機の切迫することを痛感した。そして、世界情勢の急激に変化しつつある真相を調査するとともに、長年、恩師幽谷の教えに基づいて研究した日本改革の構想を急速に記述したのである。そのぼう大な内容をここに紹介することは容易ではないが、第一の国体編には、わが建国の精神を明らかにし、とくに御歴代の天皇が神を祭って道の本源を正し、武を尊んで国家の独立と発展を守られるとともに、民を重んじ民生の安定に心を労せられたことを詳述して革新の根本問題を示した。そして、第二の形勢編では、急変しつつある世界の情勢を論じ、第三の虜情編では、西洋の侵略的勢いがわが国に接近し、独立さえも危機に陥っていることを警告し、第四の守禦編では、この危機を打開するための富国強兵の具体策を説き、最後の長計編では永久不変の理想を論ずると共に、改革実現の方策を述べたものである。

正志斎は、幽谷の手を通じてこの書を藩主哀公（斉修）に呈したが、その内容上公表は禁止された。しかし、その稿本は、いつのまにか同志から同志へと伝わって爆発的な反響を起こすに至り、幕末の志士で、この書を読まない者はないとさえ言われたのであった。そればかりではない。『新論』には今日もなお学ぶべきところが極めて多いのである。

二　『新論』の教えるもの

正志斎は、その『新論』長計編に「主客の勢を察して操縦の権を制すべき」の策を論じて、

夫れ攻守は一つのみ。攻むる者は守の機なりとは古人の言へる所なり。我に攻むるの勢有らば、即ち虜は必ず我に備ふ。而して権は始めて我に在るなり。

と述べた。操縦の権をにぎることなくしては、いながらにして彼の術中に陥り、彼に引きずり回されて、結局、自ら崩壊に陥ってしまう。そればかりでない。操縦の権を持たない者は、やがて後退に陥らねばならない。「我退くこと一歩ならば、即ち彼進むこと一歩せん」の言葉のとおりとすれば、やがてきたるべきものは、何か。

操縦の権を制するとは、いったい何によるのであるか。国家の目標を一定し、人々の志を一にするの道を説いたものが『新論』の眼目である。会沢正志斎の切実な憂いは、多年の学問研鑽を一気に発揮して、この一編に結集したが、その主張を一言でいえば、尊皇攘夷である。しかも、それは一時の議論にとどまらない。二千有余年の歴史の中から糟粕を捨て、純粋を集め

て時代を貫く原理を示したもので、その故にこそ藤田東湖は「尊皇攘夷は実に志士仁人、尽忠報国の大義なり」と主張したのであった。水戸の尊攘論が当時、天下を憂うる志士たちの心を一つに結び、各藩、各学派の小異を捨てて大同につかせたものは、この普遍不朽の原理によったからであった。

この原理によって、この大策をたてたからこそ、天下の人心を一つにし、操縦の権をにぎり、堂々と時勢を推進してやまなかったのである。しかも、

英雄の事を挙ぐるや、必ず先づ天下を大観し、万世を通視し、而して一定不易の長策を立つ。故に規模先づ内に定りて、然る後、外窮り無きの変に応ず、是を以て変生ずるも愕かず、事乖《そむ》くも困《くる》しまず、百折千挫すと雖も、而も終に成功に帰するものは、其の由る所万塗なりと雖も、而も其の趨く所のものは始終一に帰し、而して未だ嘗て間断有らざるなり。

と正志斎は説かれる。その百折千挫すといえども、しかも、ついに成功に帰すと確信をもって述べられたところは、全くそのとおり事実となったではないか。内外の危機を救わんがために、日本革新の主導権を握り、明治維新の大業を招来させた力の偉大さを、われわれは、ここに活眼を開いて見抜かなければならない。

しかも、われわれは志を新たにして考えねばならない。維新の達成される二、三十年前、はたして天下の情勢は、その成功は火を見るよりも明らかなものがあったろうか。いな、五年、十年前さえも傍観者にとっては、徳川幕府の倒壊を予想し得なかったに相違ない。たとえば、かの安政の大獄を見て、尊攘運動の壊滅を信じなかったものが何人あったろう。また、八月十八日の政変といい、大和、生野の挙兵、続く筑波の義挙、禁門の変といい、あるいはまた第一次征長の役といい、個々の事態を見れば、すべては挫折であり敗北であって、一つとして維新への近接を予見させるものではなかった。打たれる志士を哀れとみる人はあっても、これに発奮して起こった不屈の士はきわめて少数ではなかったか。

その少数中の少数が、傍観的な大衆の予想をひるがえし、狂瀾を既倒に返して、維新の大業を成功させたことを思うと、志士の気概気魄がはじめてひびきこたえてくる。なかでも、東湖の亡き後、一介の囚人の身をもって、百折千挫に屈せず、時代を切り開いて進めた吉田松陰の晩年こそ、先哲の精神力の絶大な顕現を見るのである。

三　吉田松陰の誠

松陰が大義に基づいて幕府の罪を鳴らし、討滅誅戮しないでは已まぬ決意をたてた安政五年の七月、形勢はけっして有利どころか、客観的に見れば、諸外国への完全な屈伏であった。

近世功利の説、天下に満ち、世を惑はし、民を誣《し》ひ、仁義を充塞す。或は大節に遇ふも左右の狐鼠、建明する所ある能はず、違勅の国賊を視るに、猶ほ強弱勝負を以って説を立て、断然その罪を鳴らして之を討つこと能はず。甚しき者は桀の逆を助け、紂の暴を輔けて自ら以て計を得たりと為す。

これが当時の現状であった。しかも、

義を正し道を明かにし、功利を謀らず。是れ聖賢の教たる所以なり。勅を奉ずるは道なり。逆を討つは義なり。公侯夫士、生れて此の時に際し、苟くも道義に違ふことあらば、なほ何の顔面ありて聖賢の書に対せんや。士大夫の志たる。死生甚だ小にして道義甚だ大なり。道に違ひ義に戻り、徒爾に生を偸む、何の羞恥かこれに加へん。

これが松陰の確固たる志であった。この志あればこそ、形勢の利不利にかかわらず、事の成敗を度外に置き、道義の示すところを一途に邁進したのである。

それは、もちろん暴虎馮河の類ではない。彼が幽囚の身でありながら内外の形勢を分析し、微妙な変化をとらえて妙策をたて、有為の人を得て謀をめぐらした用意は、さすがに百世に卓絶する指導者であった。だが、松下村塾に親しく切磋鍛錬を積んだ門人はけっして少なくないとはいえ、その運動は必ずしも多数の力によって世を制したのではなかった。驚くべきことは安政五年の暮、彼の自ら動こうとするとき、多年松陰に従った塾生門人、高杉・久坂などの偉材も、中谷・小田村たちの策士も、すべて時機尚早を論じて反対したので、松陰は「僕は忠義をする積り、諸友は功業をなす積り」と、一喝したほどであった。そして彼に従ったものは、ただ二十二歳の入江杉蔵と十八歳の弟和作の二人だけであった。それでも松陰は、この新しい門人、しかも士分にも列し得ない同志と死生を誓って相結ぶこと、年来の同志、門人の比ではなかったのである。事が急迫しては時勢を切り開く力は必ずしも多数を要しない。また、長年の計画すらも必要としなかったのである。

不幸にして師弟ともに獄中の人となり、しかも松陰は、入江兄弟に先だって伝馬町の獄に送られ、身は武蔵野の野辺に朽ちた。しかし、それは、挫折でも失敗でもなかった。松陰の身をもって殉じた道は、いよいよ明らかに日本の方途を指し示し、その一片の留魂は後に続くものを奮起自覚させた。こうして万延、文久、元治、慶応の間、百折千挫に屈せず、ついに大業を成功させたのである。

四　積　誠

幕末も押しつまったころ、操縦の権、すなわち改革の主導権を握ったものは長州藩であった。しかも、そのとき松陰は、もうこの世の人ではなかったのである。とすればそれは誰か。いうまでもない、松陰の教えを受けた松下村塾の門人、高杉晋作であり、久坂玄瑞であり、品川弥次郎であり、桂小五郎であり、入江杉蔵、野村和作、中谷正亮、小田村伊之助などであった。松

陰が安政六年十月二十七日

身はたとひ武蔵の野辺に朽ぬとも

留置まし大和魂

の歌と、辞世の詩、

吾今国の為に死す、死して君父に負かず、悠々たり天地の事、鑑照は明神にあり。

を高らかに吟誦して刑場の露と消えたとき、門人の一人、高杉晋作は悲嘆の涙をぬぐい去って、

我師松陰の首、遂に幕吏の手にかけ候の由、防長の恥辱、口外仕り候も汗顔の至に御座候。実に私共も師弟の交を結び候程の事故、仇を報い候はでは安心仕らず候。

と周布政之助に書を送り、久坂玄瑞は、当時獄中にあった入江杉蔵に、

何も先師の悲命を悲むこと無益なり。先師の志を墜さぬ様肝要なり。

と書いて届けた。松陰の晩年、必ずしも一致しなかった村塾門下の心は、松陰の刑死によって、このようにして堅く結ばれ、松陰の志を継ぎ、長州藩の恥をそそぐことを誓った。それが尊王討幕の決意であったことはいうまでもない。長州藩がその主導権を握ったのは、ここに基づくのである。

そこで思うことは、松陰門人をこれほどに結束させたものが何であったか、ということである。それは、松陰の学問や改革の策よりも、ただ彼の生涯を貫いて積み鍛えた「至誠」ではなかったか。松陰が常に自らを励ました言葉は、

至誠にして動かざるもの未だこれあらざるなり。

の語であった。彼が入江杉蔵の東行に際して与えた書もまたそれであった。すなわち、

杉蔵往け、月は白く風は清し、飄然馬に上りて三百程、十数日、酒も飲むべし、詩も賦すべし。今日の事誠に急なり。然れども天下は大物なり。一朝奮激の能く動かす所に非ず。其れ唯だ積誠これを動かし、然る後動くあるのみ。

「積誠これを動かし、然る後動く」の一言、これこそ真に国を思い真の改革を願う者に与えられた深遠無限の教えであろう。

三　未来への志向

雪霜のたへぬさむさをしのぎてぞ
清きかをりの梅の初花
—佐久良東雄—

埋もれた精神

一　近代の氷河

すでに幾世紀かの間、世界は新しい氷河の猛威の下に蹂躙されている。数十万年前の氷河は、古生人類の、いな、無数の生物の生命を絶滅させてしまった。しかるに今日の氷河は、生命をではなく、暖かく美しい人の心を無意識のうちに凍死させつつある。思えば各大陸の各国々において、永い歳月の間養われ鍛えられて来たさまざまの信仰や道徳、あるいは良き風習は年々その特殊性を失い、浅薄なものによって一様化され、そして、しだいに亡びつつあるのではないか。しかも多くの人たちは、それを惜しげなく捨て去っていく。ある人たちにとっては、生命の危険を免れようとする、はかないあがきに明け暮れる生活のために、心などは犠牲にしてしまっても、あえて惜しくはないというのかもしれない。そのため、どこへ行ってもますます救われなくなるのに。

だがしかし、この現代の氷河に打ち勝って、人類の心の破滅から免れることは、けっして不可能ではないことを私は確信する。なぜかといえば、その一つは今日の世にも、この氷河の暴威に対して敢然と挑戦する超現代的人間の存在を、われわれの国にはもちろんのこと、あの氷河の発源の地においてさえ見ることができるからである。そして、その氷河期に、いまだ打ちひしがれない暖かい草地を、至る所に持ち、そこで、われわれは心を安んじ永らえさせる豊かな栄養素を、無限に得ることができるからである。

ことに近代の氷河は都会を襲っている。氷河が都会を今日のような都会にしたのである。産業革命以来、都市と農村とははっきりと分かれてしまったようである。その都市という言葉は工業生産地であり、商人と消費者の居住地であることを意味し、農村は農業の生産地にすぎないという、そうした皮相的な分け方に支配されている。しかし少なくとも農村は、農業の生産地というだけのものではない。農村こそは、都会において氷河のために失われたものを、今もなおお伝えるいきいきとした心の草地ではなかろうか。後進地帯などと哀れな言葉で呼ばれる地方ほど、氷河の被害の少ない地方なのではないか。もっとも、農村にさえも氷河は徐々に襲いつつある。しかし、それは都会においても、まだわずかに真の精神文明の残る地方があるのと同じく、わずかな部分にすぎないであろう。ともかく、それは現代に対する何ものかの勇敢な挑戦の戦況を意味するものである。

私は特に農村を行脚して、日本の心を探ろうとしている。私の求めるものは、けっして都市から輸入されたばかりの、ぎこちない形の「農村文化」ではない。私の見出そうとしたものは、草葉をかきわけて探り出さねば、容易に得られないものであった。

二　山県大弐の墓

昭和二十七年の春のことである。私は二人の良き道づれとともに、茨城県新治郡の八郷町（現在は石岡市域）を訪れた。いにしえの常陸の国府、すなわち今の石岡市から西へ八キロあまり、山々の間に筑波のひいでた峰を時おり仰ぎながら、ひばりの声に心を楽しませ、道々に残る古跡に、国府の昔をしのんで、その町にはいった。われわれが心をひかれたのは、この地に時代にはやや違いはあるけれども、同じ志をもって一生を貫き、共に悲境の運命をたどった見事な二人の先哲——山県大弐と佐久良東雄の由緒の地があるためであった。

われわれは、まず根小屋という部落の古刹泰寧寺を訪れた。寺は丘の上にあるが、麓の入口に「史蹟山県大弐の墓」と刻んだ石碑が、今はほとんど世に顧みられないままに苔むして立っている。この寺に大弐の首がひそかに埋葬されてあることは、かつて県の史跡調査委員によって、歴史的に事実であることが明らかにされた。

案内されて石段を登れば、小さな自然石の片面を磨いて、「卓栄良雄居士霊位、明和四丁亥星、八月二十一冥」と文字の刻んであるのが、すなわち、その墓碑である。われわれは墓前にひざまずいて焼香した。近年は参詣者もすっかり絶えているようであるが、幸いに寺は、この墓地の神聖を守ってくれている。

大弐は、もちろん常陸の人ではない。享保十年、甲斐国竜王村に生まれ、明和四年江戸で最期を遂げた、その首がこの村に埋められてあることには、深い理由がなければならない。私は、その人知れず埋もれた逸話を、明らかにしたいためにこの地に来たのである。

大弐の生涯とその念願については、今日すでに幾つかの書物が出版されているので、細かに紹介する必要はなかろうが、第一に優れている点は、近世の学者数多い中でも、権威におもねって時流に便乗する学者群と全く類を異にすることである。大弐は山崎闇斎の学統を汲む厳しい日本学を学んだ。普遍的道理と日本の歴史的伝統との完全な統一を理解するに至って、批判と自律のたくましい力を養い得た。そして、彼は過去の武家政治を鋭く批判するとともに、現に強大な権威をもつ徳川幕府の害毒を指摘し、さらに、その存在をも否定したのである。二十七歳のとき江戸に出てから塾を開いて門人を教育し、また、著述をなしつつ彼はひそかに革新の断行を図った。それは幕府を倒壊して王政を古に復し、道義的秩序を確立しようというのである。しかし、

哀しい哉、天下に其人有ることとなきなり。既に尽く其の古に復する能はず、亦た尽く其の旧を変ずる能はず、其の尽くさゞる所有るは何ぞや、豈に其の物を尚ぶを知りて名を尚

ぶを知らず、己の為にするを知りて天下の為にするを知らざるが為か。抑も亦学政行はれずして術智及ばざる所有るなり。（『柳子新論』）

と、時世人心を深く慨嘆するものがあったが、名を尊ぶ、すなわち、名分を正すことが秩序の根本であり、天下のためにすることが、学問に忠実であることを知る大弐は、どんな自己犠牲も惜しまないのである。しかしその志は、ひそかに幕府に探知されることとなった。そして明和三年ついに捕えられ、翌年八月二十二日斬罪に処せられた。平素、大弐の教えを受けて日本の道に目ざめ、志を共にしようと誓った門人も、多くはこの時斬られた。しかし、そのうち幾人かはただちに身を隠し、そして、ある夜ひそかに先生の首を刑場から奪い去った。その首を携えて、この林村に埋めた豪壮の士こそ、当村の出身、園部文之進であったのである。

三　師弟の道

この園部家の子孫が、今も寺に程近く住んでおられることは、私にとって、このうえない驚きであり喜びであった。われわれは、すぐに園部家を訪れた。丘のはずれの林にとり巻かれた、古くささやかな農家であった。われわれの突然の訪問に、六十を越えた老夫婦は驚きながらも、喜んで縁側に迎えられた。そして、われわれの問いに対して、概要次のようなことをくり返し語られた。

文之進は確かにこの家の先祖であります。私どもが幼い頃から、父母はしばしば文之進の話を私どもに聞かせてくれました。それによりますと、文之進はこの家に生まれたのですが、当時の風習に従って家を姉に継がせ、弟新八郎とともに若い頃江戸に出ました。その理由はわかりません。が、二人は江戸で山県大弐先生の門人となって、その教えを受けていました。しかし先生が危険な思想をもつ者として、幕府に捕えられてついに殺されてしまうと、ひそかにその首を刑場から奪い、昼は身を隠し、夜は山道をたどり、十五六里ほどの道を十日もかかって、この家に戻って来ました。久しぶりで家に帰ったのに、文之進は一言も家人と口をきかず、首を入れた箱をこの縁側に置いて、ぐったりと腰をおろしました。そして間もなく首をあの林の中に埋め、それから奥の部屋に閉じこもったきり誰にも会いません。やがて何を思ったか、首をあちらの山に埋め替えました。が早くも幕吏が自分を捜索している気配を感じて、さらに首をあの泰寧寺の林の中に埋めて、その足で出奔してしまいました。それからどこへ行ったのか一度の消息もなく、どこでどうして死んだかもわかっておりません。弟新八郎は江戸で斬られたと聞いております。事件の年、兄はたしか二十六歳、弟は二十四歳でした。どちらも独身で子供はありません。家には何も当時のものは残らず過去帳があるだけですが、その中にも二人の名はありません。

老夫婦の言葉は素朴そのものであった。現代の思想も文明も、この老夫婦には何の関係もないことのように見えた。というのは、先祖文之進の行状や念願が、現在の世の中に何か一つの意義を持つものであるか、どうかなどということは、老夫婦は少しも考えていない。隠すでもなく宣伝するでもなく、ありのままに先祖から伝えられた話を、家の何よりの貴い遺産として守り伝えているのである。それゆえに現在の園部家は名利を離れて、黙々として生業にいそしんでおられるのだ。

それにしても園部文之進の胸中を察するとき、その純粋無垢の誠をもって示された厳粛な師弟の道に、強い感動を覚えざるを得なかった。さすがに、師弟の道を重んずる崎門の学風のうるわしさは、こうした草深い田舎にまでかおりを伝えているのである。しかも、大弐の時流を越えた達眼と、どんな権威も恐れず、生死利害を顧みない義烈の気性に導かれた、園部兄弟の悲懐はどうであったろう。弟は斬られて師と運命を同じくしたが、文之進は残る生涯をどこで、どのように送ったであろうか。悶々の心中を共に打ち明ける友はなかったであろうか。その念願をひそかに伝える文章さえ残せなかったのであろうか。兄弟の心は恩師とともに、時の勢いのために一度は抹殺されてしまった。しかし、やがて時がきて大弐の志を継ぐ者が各地に興って、復興の機運は澎湃としてわき起こるのであるが、この町にもそれから四十余年を経て、その志を継ぐあっぱれな人物を生んだ。佐久良東雄――清純なる日本の心を象徴するようなこの人物は、泰寧寺の墓地から約二キロを隔てた同町字浦須（もと浦須村）に生まれたのである。

四　佐久良東雄の遺風

東雄が文化八年に生まれた飯島家は、現在も昔のままに史跡に指定されて現存している。われわれは筑波の山を急に包んだ雨雲の、こころよいしずくにぬれながら、その旧邸を訪れた。ここはまた周囲に類のない豪壮な屋敷で、長屋門の奥に数十坪もある藁屋根のがっちりした母屋がある。案内をたのむと六十を越えた当主の仁兵衛氏が、丁重に迎えられ、われわれは厳粛な気持ちでその座敷に通された。室内の高所には驚くほど大きな清浄な神棚があって、敬神崇祖の謙虚な雰囲気をかもし出しており、柱も天井も梁も漆を塗ったように黒くつやつや光っている。そして障子にも襖にも、少しの汚れも破れもない。実に丁寧に保存されているのである。

仁兵衛氏との話で、東雄先生はこの家で誕生されてから九歳までしかおられず、その後十四年ほどはこの村の観音寺で修業を積み、後土浦、江戸、大阪に移られたが、生家へは一度も帰られなかったことを知った。飯島家は東雄の姉が継ぎ、当主はその子孫に当たるのである。したがって東雄の遺品や書物はほとんど残っていない。しかし物こそ残っていないが、私は、ここに尊い精神が脈々として生きているのを発見した。東雄の伝記については、平泉澄博士著『伝統』の中の「真の日本人」と題する章を紹介したい。彼は前記観音寺の康哉を師とし、万葉の精神をうけて古道復興の志を立て、土浦市の真鍋の善応寺で住職となって遠近の志士と交わり、ついに鹿島神宮に参拝して仏衣を焼き、名も佐久良《さくら》靭負《ゆきえ》と名のる武士となった。こうして武士の道を磨きつつ、国学の研究によって得た純粋な理想は、王政の復古であり幕府の否定であった。彼が江戸を去って京に上り、

今に見よ高天原に千木高知り
　瑞の皇居《みあらか》つかへまつらむ

と詠まれたのは、その志の流露である。やがて、大阪にあって道を広めながら多くの志士と協力し、対外的危機の迫る中で国家の革新を断行し、「朝日影豊栄のぼる御代」を実現しようと図ったのであった。しかし、井伊直弼の登場によって勤王の志士に対する弾圧は日々に厳しく、彼はすでに死を決して至純の願いを遺書に認められたが、万延元年、桜田門外の変に関連して捕えられ、六月二十七日ついに獄中で病没した。彼は、

天地のいかなる国のはてまでも
　たふときものは誠なりけり

と詠まれているように、一点の私心もない誠の人であった。政権を取ろうというのでも、高い地位につこうとするのでもない。ただ、わが国のあるべき姿をこの世に実現するために、「幾千

昭和四十五年修復された東雄の生家

度命死ぬとも」惜しまないのであった。そのような純真無垢の心は、先生の詠まれた数多き短歌、長歌の一つ一つに忍ばれて、今に読む者の心を清め志を励ますのである。

さて、私が飯島家を訪れて感激やまなかったことは、今日、飯島家の建物はもちろん、どこにも俗悪な現代文明の汚れを見出すことができなかったばかりでなく、東雄の純粋な誠が今も脈々と伝えられているのを見たことである。当主、仁兵衛氏の二人の令息は、二人とも軍にあって大東亜戦争に戦死を遂げられた。そして、今は長男の未亡人が老翁を助けて幼児を養いながら、泥にまみれて農業に励んでおられるのであった。その若い未亡人は裸足のままわれわれを屋敷地の一角にある東雄の祠堂に案内しながら、当家の現在のことについていろいろと語られたが、未亡人は自分一身の不遇や苦労は少しも見せず、かの老翁に深く同情して、

お気の毒に父はあの年になっても、いまだ楽に隠居もできず、働かなければならないのです。

と語られ、ひたすら家名を汚さず伝統と遺跡とを守って、翁を助けるのだという健気な心構えを示されたのである。この純粋な心こそ、東雄の誠にほかならない。

飯島家には、現代の日本の社会の生々しい問題が隠されている。農地改革後の地主、戦没軍人の遺家族、そして家族制度の変革による嫁としゅうと、そうした問題によって没落した家の話を幾度か聞いている。しかし、飯島家には少しもそうしたきざしを見出し得ない。いなそれどころか、あの戦後の社会の混乱と動揺の中にあって、昔と少しも変わらず、がっちりと先祖

の心と家を守る頼もしい姿がここにはっきり見出されるのである。私は、ここにおいて、現代日本の社会の健全さを認識し、それを支えるものが何であるかを明瞭に知った。それは、あえて、この町のように先哲の精神の残っていない所でさえも、なお明らかに存在する。実に幾百年、幾千年の長い間に磨かれ鍛えられた美しい精神文化は、戦いに敗れても、占領下の時代にあっても、なお亡びなかったのである。それこそ優れた祖先の賜ものではないか。

私が確かめたいと念願し、そして農村の各地を訪れて求め得たものは、この尊い伝統の精神であった。これこそは氷河期の厳しい冷たさに耐えつつ、やがて日本を、そして世界を暖め、人類の真実の発展を招来させる根本の力であり、また、現代文明の所産を精錬し直して、真の文明を打ち出しうる最大の国宝でなければならない。

（飯島仁兵衛氏は数年前に亡くなられ、この当時幼児だった令嬢が結婚して家を継ぎ、今では未亡人を中心ににぎやかな家庭を営んでおられる。）

岐路に立つ青年

一　失われた情熱

寒苦をしのいだ梅の花がほのぼのとかおる頃、年々卒業式を終わって学窓を去る人たちの姿を見ても私は心からの喜びをもって送るわけにはいかなかった。私の心は、彼らの後を追いかけて行って、もう一度その肩をたたき、その志を確かめずにはいられなかった。私は、その気持ちをここに打ちあけて今年巣立ち行く人々に贈り、また後に残る人々とともに考えようと思う。

学校が真実の人物を鍛え、正しい学問を積む場所としての価値を失ってから、思えば年すでに久しい。激しい競争は幼稚園に入るときから早くも始まり、幾つかに仕切られた狭い門をくぐるために幼い心は絶えず脅かされつつある。小学校はともかく、中学へ進めば、もはや進学と就職とのために、枠にはまった準備的勉強が督促されて、生徒たちは、学問とはそのような目先のための方便にすぎないかのような錯覚をいだき、高校においても、その精神は自由に飛躍せず、汲々として萎縮し、幸いに大学に進むことができても、また、それぞれの地位を得るため激しい競争に勝つべく、ほとんどすべてをそのために捧げて勉強しなければならない。彼らは真に希望する書を読み、思いを深め、心を養う余裕さえないのである。いったい彼らには、その若々しい情熱を傾け、自由な精神を発揮する時がいつあるのだろう。自己を自ら省み、厳しく責めて内面的に自分を正そうとするよりどころをどこに得るであろう。

学生生活が、そのように送られてゆくならば、学校は就職と立身出世のための機関であり、学生は一つの商品、学校はその製造工場であるといういまわしい言葉がうそでなくなる。こうして一つの思想体系も持たず、よりどころももたず、結局、時勢に従い、利益と安易に流される無気力な知識階級がつくられてゆくのである。しかし、こうした現実のありさまを人は社会の不可抗力とし、制度の罪とみなすかもしれない。父兄はそれを知りながらも、ただわが子の進学と就職をひとえに励ますのである。しかし深く思えば、このように考えること自体、青年は一個の商品と化し、人間は制度社会に隷属する奴隷であることを、自ら肯定するだけにすぎなくなるのではないか。人間の精神は、ただ果てしなき泥沼に沈んでゆくほかはないのではないか。

これはひとり学生に限らず、今日、日本人の多数の姿は、社会の微細に分業化された小さな機構の中に封じこめられ、かろうじて自己の職場と家庭とを唯一の世界として、その日その日を無事に勤めて、昇給の妨げにならぬ程度に、慰安と娯楽に本能の満足を求めるという状態ではないだろうか。ただ一つの熱情が経済上の要求に注がれる半面、祖国が今強大な勢力に併呑されようとしても、国の名誉や誇りを汚す者があっても、自分一個の生活には、それが直接の関係はないかのように考えて拱手傍観し、一部の同胞の悲惨な境遇も、激しい念願も、その心にしみじみとした共感を持ち得ないのではないか。

国民の多くが、そのような状態であるとすれば、学生が就職や進学に汲々としているのを見て、これを救い、これを励ます者の数少ないのも不思議ではない。だが、いったい、これでよいのだろうか。解決を時に任せ、勢いに委ねるうちに、取り返しのつかぬ事態に陥ったならば、その時には誰が後悔するのであろう。

人がその機構制度の中に拘束されて小さくなり、その奴隷となって甘んずるならば、それは自由な魂を持つ真の人とはいえない。それと同様、学生が目先の功利のために萎縮沈滞している姿は、もう学生＝学問をする者の名に価しないのである。さらにいえば、それは溌剌とした青年ではなく、消沈した老人ともいうべきであろう。しかし、現在の青年は、はたして意気も情熱も全く失ってしまったであろうか。もはや彼らは自らその高きを求め、清く正しきを欲する意志を取りもどすことのできない状態に陥っているのであろうか。

二　社会の罪か

ここにもう一つの学生の型がある。それは進学や就職に汲々としている学友を嘲笑し、何事にも臆病で実行を躊躇する日和見主義者を軽蔑して、事あれば動議を提出し、討論をまき起こし、大衆を煽動しては先頭に立って運動を起こす。しかも、彼らはときに恩師をつるし上げるかと思うと、ときには警察官と闘い、外部団体と提携連絡して街頭デモの先頭にも立つ。講義や、学問は彼らの意中にはなく、制服制帽も一つの方便にすぎない。いうことなすことも、習慣や常識を打破し、現体制を否定して新しい社会を建設しようと意欲的な日々を送るのである。

このような学生の数は、ときに増加したり減少したりするとはいえ、それでもなお、昨今ある大学でカンニングの自粛のために、当局から対策討議を命ぜられた一クラスが、いざ論議にはいると、これを良心の問題として自責を表明する学生に対して、これは制度の問題である、社会のせいであるとして、この社会をくつがえして、共産主義革命を断行しなければ、根絶できないと、意気まく者があったというのをみれば、こうした思想を本気で信ずる学生があることは今も変わりはない。

すべてを社会の罪に帰し、制度や機構を非難し、他人や当局にその責任を求めて、少しも自分のあやまちを恥じて責任をとろうとしない風潮は、戦後至る所にみられるが、犯罪はそのためいよいよ増加し、社会はますます腐敗混乱に陥る。そして、それは革命の必然当為を叫ぶ者に利用されて、反逆と対立はいよいよその勢いを増大しつつある。右の某大学生などは、こうした形勢を見て革命以外に解決の道はないと信じているのであろうが、彼らが共産主義社会をそのように美化して信じながら、自分自身を少しも責めず、すべてを他に転嫁する人たちが作り上げた社会が、どんな世の中になるかを客観的に考えるいとまもないようである。

それにしても、こうした学生のいうところを聞けば、千変一律、誰のいうところも全くどこかで聞いたことの焼き直しか口写しにすぎず、一つの情報、一つの事例が、ここでもかしこでも忠実に宣伝に供されている。これは、彼らが自ら考えることなく、ただ煽動に乗じ、宣伝に動かされて、一つの組織の一員となって、巧みに利用されている動かしがたい証拠ではなかろうか。自分で物を考えず、借りもので物をいって、自己の心を謙虚に掘り下げることをしようとしないことは現代学生の一つの特色である。

もちろん、社会や制度を批判し、これをよりよく改革することは、いかなる人にも与えられた義務である。だが、その際いたずらに宣伝的に美化された外国の制度を信じて物まねをし、無批判的にこれを移入することが、わが国の真の発展に、はたしてどんな利益をもたらすであろうか。まして、今日世界を二分三分しようとする強大な勢力の間にはさまれた無力に近い国が、その一方に従えば、これに利用され、他に従えば、その隷属を免れ得ないという情勢の下で、そのような模倣追従によって、彼らの口にする民族の独立などが、どうして得られるというのか。

一国の独立が、あくまでその国の自由な精神に基づき、その国自身の根底の上に立って堂々と建設されねばならぬことは、世界の歴史を学ぶ者なら誰も周知のはずである。そして国の自由な精神こそは、他を責める前に、まず自己を省みようとする自己確立の毅然たる態度があって、はじめて獲得されるはずではないか。

学生は今一つの岐路に立ちつつある。それは、自ら商品となることを喜ばず、また革命の手先となることを嫌う者が、どこに一つの方途、最も正しく、高きものを求めて断固として進むか、ということである。

三　魂の自由

人間にとって最大の誇りは、自由な魂を持って生まれたということである。これこそ人間の尊厳なる理由として、どこまでも尊ばなければならない。しかも、これを尊ぶ第一歩は、たとえ、われわれの生きる時代がどのような状態であり、境遇や社会がいかにわれわれをさえぎろうとも、断じてこれに流されず、屈しない志を確固として立てることにある。

私はここに、現代よりもはるかに拘束された不自由な、しかも腐敗した社会に生きながら、何ものにも奪われない自由な魂と清純な生活態度をもって、しかも、高い理想をいだいて恐れるところなく、これに邁進した人物を思う。

偉人と仰がれ先哲とあがめられる人々は、いずれも、そうした点でわれわれの志を励ますのであるが、中でも今から百年前に没した水戸の藤田東湖のような人は、まさしくその中に秀でる傑中の傑であったのである。東湖が天下の師表と仰がれたのは、けっしてその地位身分のためではない。彼は晩年栄進して側用人、学校奉行となり六百石の禄を給せられたが、はじめは二百石の中流藩士にすぎず、藩主はもとより上位の藩士には常にその分を守って従った。地位において中流に甘んじたばかりではない、三十九歳から約十年の間は、幕府によって免職謹慎を命ぜられ、方丈の一室に幽居し外出も面会も許されぬ境遇にあったが、その間、経済的にも肉体的にもいうに忍びない苦境に陥りながら、少しもそれによって萎縮するどころか、いよいよ正気を発したのである。また、彼の時代はけっして秩序あり道理の通る時代ではない。封建制度は腐敗をきわめ、武士は堕落して役に立たず、役人は日々の事務や会合も適当に怠り、学者はただ末梢的小技にふけっていた。しかも「風俗日に澆《うす》く、廉恥地を掃ひ、世の才臣能吏と称する者、率《おおむ》ね権勢貴戚の門に趨走し、諂佞阿諛至らざる所なし」という状態で、ただ立身出世を求めてあくせくとした俗人がはびこり、たとえ志ある者があっても、国制に拘束されて藩外には一歩も出られず、他藩の士と交流切磋することもできなかったのである。それは今日の社会よりも、より不幸な停滞した社会であった。

東湖は、このような時代の勢い、社会の状態を痛烈に批判した。しかし、彼は自己を度外において、かってな社会評論を行なうのでもなく、自己の不平不満からこれを非難攻撃したのでもなかった。彼は、このような社会の中で、あくまで自己一身を内省して不屈の志を立て、道義を堅く守り、文武の鍛錬によって友人子弟を励まし、共に藩主を助けて一藩の革新を図り、天下の正気を振るい興そうとしたのであった。彼の胸中には「大節義、大策略」以外のものはなかった。それは彼の言行の中にあふれ、今日われわれに雄心を興し、英気を燃え立たせることができる。

四　道義

あるとき、東湖は友人、松本実甫が代笠亭と名づけた屋敷を建てた際に一文を作って贈ったが、その中で住居の論から一転して、

士の世に在るや、出処時あり、遭遇同じからず、或は廟堂に上り、或は江湖を踏み、或は像を麟閣に留め、或は骨を竜庭に暴す、択びて之を取るにあらず、道義如何を顧るのみ、無道の朝に立ち、不義の粟を食み、姑息安を偸み、朱門玉堂の中に酔生夢死する者、亦安んぞ其の士たるに在らんや。（傍点筆者）

と論じた。官吏となるのも民間に在るのも、功成って栄達するのも、または敗れて惨死するのも、それは士の好んで選ぶところではない。問題とすべきは、ただ自己一身が道義に則るか否かである。道義なき社会に甘んじて妥協し、酔生夢死する者は士というに価しない、という根本的な態度をはっきりと示したものにほかならなかった。彼は、この態度をもって当世に臨み、子弟友人を切磋した。また、あるとき医者を業とする友人、荘司子裕が関西に旅行するにあたって贈った一文に、当今の社会世相の堕落を痛烈に論じた後、

今子裕笈を負ひて千里、躬ら神京に詣りては、万世天皇の崇重尊厳を欽仰し、浪華に遊覧しては豊太閤の英風雄図を想像せよ、至る所必ず其賢豪長者と交はり、以つて其の奇聞偉

観を広め、風土人情悉く諸を胸中に諳んぜざるなくんば、則ち其の当世の務に於いて、必ずや将に心に得る有らんとする也。（傍点筆者）

と教えられたのは、どこまでも道義を守り、これを確立しようとするならば、当世の務が何であるかを自ら知るであろうということである。京都は古代よりわが国の都として、政治・経済・文化いっさいの中心であり、これを率いられた皇室が今も厳として存するのに、すでに中心はここにない、皇室を今日のご衰微に至らしめたのは何もののためであるか、大阪は豊太閤の拠城のあとであるが、彼が東西の強国を少しも恐れず、堂々たる雄略をもって国威を輝かそうとしたことを思い、当今、西力東漸の勢が迫ろうとする時、まず必要なものは何であるかを考えさせようとしたのであった。東湖の胸裏には一点の功名心なく、利害損得を顧みる心はなかった。ただ天地の正気を鼓舞し、回天の事業を念願とし、死生を度外に置いて、なすべきをなし、いうべきをいうのである。

東湖が天下の師表と仰がれ、水戸藩の後進はもとより、各地各藩から教えを受け切磋を求めるために、その下に参じたのは、この大節義と大策略があったからである。そして、その教えをうけ切磋鍛錬を受けた人々が、藩の社会的束縛を越え、利害安危を顧みず一つの理想に相携えて進んだところにこそ、明治維新の大業が成立したのであった。

しかし、ここに忘れてはならぬことは、彼が、もとより天与の性質を受けた英傑であったとはいえ、その精神は、長年にわたる正学の講究と深い鍛錬によって得られたものであったということである。

五　毅然たる一歩を

戦後の思潮は偉大なる人物を引きずりおろして平凡化し、正義心の高い人をかえって世を害した者として罵倒するのに余念がなかった。そのため人は理想を失い、正しい精神の高揚は妨げられ、現状の中に萎縮し、ただ利益を求め大勢に従う小さな凡人と、他を非難し尊いものを打倒しようとする反逆児のみをつくった。占領政策と、これをたたえる人々の生んだ最大の悲劇というべきであるが、今はこれらをのみ責める時ではない。われわれが今日祖国の直面する困難を打開し、真の独立と光輝ある発展を期するためには、まず、われわれ自身が、忘れられようとしつつある先哲を思い起こし、いっさいを自分自身に省みて、その精神を振るい起こし、正学を講究して理想を求めなければならない。それは人間の自由な魂の発揮であり、日本人のあるべき姿の顕現である。そして、それはやがて安心と歓喜の源泉となるであろう。

今日の学生、また青年が深く自己を見つめ、いっさいの障害を恐れずに毅然たる一歩をこの道に踏み出すならば、そして、また友を起こしこれを誘って、相携えてここに進むならば、それは寒苦を冒して春に先立つ梅花のごとく、やがては繚乱たる百花の競い出で、祖国の前途に赫々たる光明を点ずることとなろう。

本来の日本に

一　青年と革新

青年は革新に魅惑される。それは純情なるがゆえに、不純なるもの醜悪なるものを拒否する新鮮な感覚を持つからだと解したい。年が長ずるに従い、世馴れして現実に妥協し、現状維持を唱えて自らは混濁の中に妥協する者は、この青年の純情さを無視してはならない。彼らが往々にして青年に世間の表裏清濁を説いて、「若気の至り」を戒めるのは、自らの恥を平気でさらしているのと変わりない。われわれは歴史において、停滞腐敗した社会を打破して、清新な時代を開いた革新が、多くの場合、志の高い青年によって成し遂げられたことを知っている。また、それが達成するためには、冷淡な現状維持者の頑迷な妨害を、生命をかけても切り開かねばならなかった事実を見ている。一国の活力が青年にあること、それは私がいうまでもない。

しかし、今日の青年に、その純情な革新的気魄を見出そうとするとき、私は、考えざるを得ない。なぜならば、今日の青年の大部分は革新どころではない。どうしたら自分一個人が、社会的競争から脱落せずにすむか、ということがせいいっぱいで、自ら現実の前に屈伏し、その奴隷となってしまっているからだ。革新的な気魄はもちろんないが、しいて夢を求めるとアメリカ的な文化を享受する小市民で、口に唱える理想は自由と民主的ということぐらいである。彼らは、どう見ても革新家とはいえないのだ。

ところが、たまたま気魄ある青年を見出すと、それは日本の過去現在を激しく憎悪し、社会の根本から変えてしまわねば気がすまないらしく、ものの見方から性格まで、すっかり革命家といわれるような独特な人間なのである。なるほど今日革新勢力とか、革新政党とかいわれる「革新」の言葉は、社会主義―共産主義を意味する言葉であり、これに反する者は一概に保守と呼ばれるようであるが、その保守すらも一応、民主主義、自由主義を唱えなければ、世の中に通らないように思われている。ここに現代日本の不思議さがある。いったい、革命でない革新はあり得ないのか。また、外国の主義によらない革新は革新でないのか。

二　世界史の悲劇

われわれは、まず静かに考えなければならない。今日、革新を唱える人々が、好んで振りかざすものは主義である。ことに青年や大衆が魅惑されるのは、その美々しい言語で表わされた主義である。これについて英国人G・B・サンソム氏が懇切に日本人に説いた左の言葉を深く味わうべきであろう。

私は満足すべき永続的な政治的変革というものは、抽象的な主義にしたがうことによって求めるならば達成出来ないと考えるのであります。「独立」とか「自決」とか「自然的権利」といった語句、或いは「自由」や「平等」というような大切にされた言葉が、誤用されるほど人を誤らせ混乱させるものはありません。（中略）なぜなら精神においてでなければ、絶対の自由はなく、死においてでなければ、絶対の平等はないからであります。（岩波新書『世界史における日本』）

これに加えるならば「平和」といい「民族」という美しい言葉が、いかに策略に満ちて悪用され混乱を惹起しつつあるかをも考えるべきである。それは別として、われわれは革新という国家の、また、国民の最も重大な問題を、一枚のプラカードや一時の流行語によって軽々しく行なうほど軽薄であってはならない。われわれはわが国の実情、それも単に現在のみならず先祖にさかのぼって、その形成された由来を深刻に研究したうえで、この国土に足を踏みしめて、賢明に慎重にその方途を考えるべきである。革命が国家のかけがえのない生命を断ち、過去と現在を切り離し破壊するものであることは、フランス革命やロシア革命の実態を、その美化された表面だけでなく、その過程において、また達成後にも見られる惨憺たる事実の中に見直していかなければならない。それと同時に、わが国の歴史をその真実の姿において認識し体現するとき、革命を否定した先哲の念願をかりそめにも読み過ごすべきではない。そのときは、いやしくも革命を否定するものは、今日においてなすことなく過ごし得ないことを自覚するはずである。今日の日本は、はたしてこのままで革命を未然に防ぐことができようか。

今日わが国の現状をもって革命を防ぎうるという者があれば、それは無責任な楽観論にすぎないだろう。しかし、今日の世界の状勢と、伝統を軽んずる国内の形勢を見て、どうにもならないと、あきらめることは革命勢力を増大させるばかりであろう。いわゆる保守と呼ばれる勢力が、表向きにも民主主義を掲げなければならないのは、このためにほかならない。しかしいったい、自主性を持たぬ国家が、外国の原理によって、自主性ある革新を成し遂げて、発展したことが、いまだかつてあったろうか。近世世界史において、西洋以外の国々のいわゆる近代化が、ほとんど多くの場合、強大国の属国か、または植民地化という代償なくして成し遂げられたもののなかったことは、いったい何によるのか。それは外見の美々しい姿を見て圧倒された人々の、自信を失ったあわれな屈服ではなかったろうか。なかでもアジアの諸国の多くは、西洋諸国との間に、その独立と表面的な近代化とを交換したばかりではない。かえって、混乱と窮乏に追いやられつつ白色人種のために、ひたすら奉仕してきたのである。そして、彼らが遅ればせに唱え出した独立や民族自決の主義も、また、西洋の輸入品にすぎなかった。

三　日本の近代化

ここにひるがえって、わが国の歴史を考えよう。わが国もまた明治以来、西洋の思想によって近代化を成してきた。その近代化は、まったく急激に達成されようとしたため、明治五、六年から日清戦争に至るまでの日本は、衣食住はもとより、政府も学校も軍隊も工場も、「善悪長短無差別に一さい合さい掻きこむに如くはない。」とまでいいつつ、西洋化した。すきやきや舞踏会はまだ他愛ないものであったが、古いものを惜しげもなく破壊し、はなはだしいのは、国語を廃止して英語を採用すべしとか、白人との混血によって人種を改良すべしとか、思想、政治の上ではあやうく本来の姿を捨て去る勢いにまでゆきつつあった。このような日本の姿を、たとえばフランス人フィラレーが、「物質上より見ても精神上より見ても、日本は実に急激な変改をなせり、過去のすべての実物は破壊されて、日本は今や不定なる未来に向ひ一定の目的なしに盲進しつゝあり。」(『大日本』)と見て不安を感じ、またケーベル博士は、「今や全く価値なき西洋の『近代文明』が日本の文化をば殆んど食ひ尽した。私は到る処に欧羅巴や亜米利加の愚昧の猿真似を見る。」とまでいうに至ったのは無理もない。しかし、不思議にも日本は、その勢いを行きつくところまで行かぬうちに食い止めた。極端な開化主義は反撃をうけて、やがて本来の姿に返そうとする勢いに変わった。そのゆえに、はじめ不安げに内心軽蔑の眼で見ていた外国人の態度は、日露戦争の結果を見てがらりと変わったのである。フランスの史家モーリス・ムレーは、その著『白色人種の黄昏』の中で、「開国以来半世紀間に、日本は少なくとも彼の必要とする限り、彼自身を西洋化した。封建制度は捨てられ、一の君主政府が建設された。その政府において、多くの要素をデモクラシーから借りてきたが、しかしアジア的精神性は何らの変ずることはなかった。」と述べ、しかも「おそらく今世紀初頭における日本のロシアに対する勝利は、人類の歴史における一転回点を成すものであろう。」とまで、驚きに満ちていい放ったのである。日本の西洋化、近代化の半面に、変わらぬ精神の厳存することに気がついたのは、ひとりムレーだけではない。いな、それは外国人の驚きの言葉にとどまらず、事実がその通りであった。それは、はたして奇跡であっただろうか。

四　復古と革新

われわれは、明治維新を近代化という点でのみ浅薄に考えてはならない。明治維新は、その由来において、日本がその本来の姿に帰ろうとする自覚に起こり、そして、それをついに実現し、その後に西洋の文物によって近代化を遂げたのであった。何よりもかの慶応三年十二月九日に発せられた王政復古の大号令は、

諸事神武創業ノ始ニ原ツキ、縉紳武弁堂上地下ノ別ナク至当ノ公議ヲ竭シ、休戚ヲ同ク遊バサルル叡念ニ付、各勉励旧来驕惰ノ汚習ヲ洗ヒ、尽忠報国之誠ヲ以テ奉公ヲ致スベク候事

と宣布されたではないか。神武創業の始めとはけっして言葉の修辞でも誇張でもない。それは、

これより先、多年にわたる幾多先哲が「日本の日本たらんとする」自覚に基づいて、本来の日本を明らかにし、その実現のため身を砕いて歩一歩到達し得たところであった。たとえば、水戸義公が『大日本史』を著わし、藤田幽谷が「名を正す」という方法で時弊の矯正を論じ、会沢正志斎が『新論』に革新の方途を説き、藤田東湖が、

梓弓矢たけこゝろをふりおこし
　引かへさなん磯城島《しきしま》の道

と詠んで実践の勇気を鼓吹したのも、日本をその本来の姿に立ち返らせようとする一貫した努力の跡である。そしてまた、吉田松陰が「今天下は如何なる時ぞや、君臣の義講ぜざること六百余年、近時に至りて華夷の弁を合せて又之を失ふ」と、激しい義憤をこらしたとき、武家政治を倒して王政に復すべき理想は、はっきりと火を点ぜられた。下野の児島草臣は、

古の世にし帰らば仇波の
　逆巻く灘も何かいとはん

と詠み、常陸の佐久良東雄は、

いつはりのかざり払ひて橿原の
　宮のむかしになるよしもがな

と歌った。こうして本来の日本の姿が、その国家草創の昔に求められたとき、王政復古が実現し、かの大詔が発せられたのであった。幕府政治封建制度の廃止、四民平等の確立は、このよ

うに復古であるとともに維新であることを示した。

わが国の革新は常に復古であり、復古は常に革新である。大化改新の場合もまた、そうであることは説くまでもない。その大化の改新の精神が、数百年の間唯一の理想として仰がれ、また、いったん崩れたように見えた後も、建武中興となって再び輝き、明治維新となって成就したことは、実に日本の国家生成の姿が自然であり、強固なものであり、尊厳なものであったからである。古典は、その草創を語って常に本来の姿を後世へ伝える生きた教本であり、神道は常に日本本来の姿を守った教えであった。日本は常に本来の姿に復古するとともに、その時に応じて旧弊を一新し、外国の文物制度をも取り入れて発展を遂げた。そのゆえにこそまた、日本は革命を未然に防ぎ、独立を全うしてきた。このことを思えば、今日、日本の革新の方途は自ら明らかであって、そこに輝かしい理想は掲げられるであろう。

五　本来の日本に

しかるに、われわれは今日の日本を思うとき、その革新の、実は容易ならないことに再び直面する。かって江戸時代の中ごろ、伊勢の神官度会常彰は、

学者日本の地に生れ日本の泉を啜り、日本の粟を食み、内外を弁ぜず親疎を分たず、此の国を云へば則ち美を蔽って而して悪を露はし、ややもすれば東夷と呼び、彼の国を云へ

ば則ち悪を隠して而して善を掲げ、称して中華と曰ひ中原と曰ひ中土と曰ふ、是れ通病なり、何ぞ吾が親を敬せずして他人を敬するや、冠履所を失ふと謂つべし。

と時の風潮を嘆じたが、この通弊は今日そのままの通弊であり、その嘆きは今日の嘆きである。われわれは、このような卑屈な風潮の真の原因を明らかにして、抜本的な精神的革新に突進しなければならない。

私はかつて高校生に対して、わが古来の文化の話をした後、今日における文化の卑俗混乱をさして、どうすればわれわれは高い文化に自ら浴することができるかと質問を発した。ところが私はこれに答えた一生徒の言葉に、一驚せずにはいられなかった。すなわち、それは「まず現在の政府を倒します。」というのである。私がさらに現在の政府を倒して、どうして高い文化が築かれるかと問えば、彼は「われわれは経済生活をより豊かにする政府でなければ、高い文化を享受することはできません。」と答えるのであった。そして、これに反対する生徒もなかった。私は百万言を尽くして古典文化を説いても、現在の青年が、それを純真に受け入れない理由を、ここにはじめてつき付けられた気がして、今日の教育に従事する者として、大きな問題を忘れていたことを反省しなければならなかった。このような青年は、よし、その純情さから革新を思いつめていたとしても、このような空想、このような唯物主義、そして、少しも自ら反省し自らを正そうとしない無責任さによって、時の勢いが進んでゆくとしたら、何と恐るべきことになるのではないか。ひとり文化の問題に限らない。自己を見つめて自己を正しくし、自ら高きを求める態度なくして、どうして他を正し、社会を粛清し国家を革新することができよう。ここに『大学』の修身斉家治国平天下の序の乱しえないことを思うとともに、かの吉田松陰が『講孟劄記』に、

是を以て王者の政をなすは、身を修め家を斉るを以て先務とするは、事迂闊なる如くなれども其法子孫に伝り、幾世を経ても動揺せざるのみならず、益々興隆する者なり。

と説かれた言葉が、今日、日本国民のすべてに与えられた鉄則であることを知る。自ら己を正すというようなことは、もはや今日現実の危急に間に合わないとする急進革新主義者の上ずった論理を、これによって破らなければならない。

そのゆえに、日本が本来の姿にかえるには、まず、われわれが真の日本人として恥なき人格を確立し、原理を外国に求める前にわが国を窮め、他人を責める前に自らの責任を自覚して、しかも純粋に正気に満ちて、その実現に進まなければならない。

美しき未来を

一　理想はどこに

現代日本の悲しむべき争いは、国家に一つの理想の存しないことに基づくであろう。国家に理想のないことは、国民に日本人としての理想も希望もないことを表わすものにほかならない。しかし、このことは今日まだ深く自覚されるに至っていない。あるいは、いうであろう。戦後日本は平和と民主主義を理想として新しく出発したはずである。今にしてこれを疑い、これを捨てるようなことがあったとしたら、いよいよ混乱を招き共産主義やファシズムへの道を招くばかりか、戦後十五年、苦難の中に築いた努力を空しくするのみではないかと。あるいはまた、いうであろう。われわれは真の平和と民主主義を理想とするが、そのためには戦争と搾取と貧困の原因である資本主義を倒して、社会主義の社会を建設しなければならない。日本人民の理想は、これ以外にないであろうと。

なるほど、それぞれに理想はあり希望はあるということができるかもしれない。しかし、これを見ても日本に二つの対立する理想はあっても「一つの理想」のないことがわかるではないか。そのうえ、二つの理想さえも国民の一部にこそあれ、多くの者は、いずれの理想ともつかぬものや理想らしい理想を持たないのが現状ではなかろうか。

思うに民主主義は、政治上の制度または手段としては、ある段階において理想とされ得るけれども、人間究極の理想とするには足りないものがある。今日、民主主義を制度上の基盤とする国家は、世界の国々の大部分を占めるに至ったが、理念は共通であっても実質は異なり、国家体制や国民の希望は、それぞれ違っているではないか。わが国も明治以来、西洋近代文明を取り入れて、本来の国家体制との調和を工夫しながら、民主主義の制度を取り入れてきたが、戦時体制の強化によって、実質的にかなりの変化を余儀なくされたため、敗戦とともに連合国はポツダム宣言によって、わが国の軍事力と戦時体制もろとも、従来の国家体制を根こそぎ倒してしまった。占領政策の一環として、国民の自由意志のいかんを問わず、占領軍の強制と監視のもとに与えられたのが、アメリカン・デモクラシーであった。日本人は、それ以来これを忠実に守り、至上の理想として掲げてきたのである。

ところで、アメリカが占領政策実施に利用しようとして解放した共産主義者たちは、このデモクラシーを利用しながら、しだいにそれを人民民主主義に塗り変え、国民の窮乏と占領政策への不満をマルキシズムの旗印の下に結集させ、米軍の占領が解除されるや否や、ソ連、中共の後押しにより反米反戦の闘争を展開するに至った。

ここにおいて国民の理想は二つに割れ、それぞれアメリカおよびソ連、中共を理想の国家であるかのように考えて、世界の二つの陣営の対立の中に巻き込まれざるを得なくなったのである。いずれにせよ、敗戦と占領に基づく悲劇ではないか。しかし、はたして日本は、外国から与えられた、この二つの理想の中で二者択一以外の道を求めることはできないのだろうか。

二　西洋の反省

自らの真の理想を持たないで外国の理想を借り、しかも互いに反目し敵視し合って争うことが、いかに愚劣なことであるかは、今日、黙々として言挙げしない国民の大部分や、未来を考える青少年が最もよく知るところである。しかも、思いを人類の文明に深める人々は資本主義といい、社会主義、共産主義といい、いわゆる近代文明の矛盾と行き詰まりに気づいているのである。しかも、それはヨーロッパ人自身において著しい。

たとえば、ロシアに生まれたベルジャーエフ（一八七四―一九四八）のように、かつては革命運動に挺身しながら、革命の成功後マルキシズムの虚偽と罪悪をはっきり認識し、マルキシズムはもとより、ファシズムもまた資本主義も、すべて人間軽視の立場に立つものであって近代文明の下に「人間はまさに人間としての価値を失った。『人間の姿』は無残にも破壊された。」と絶叫したことは、現代世界へのこのうえない警告であった。そして、今、近代文明を唯一絶対のものとして、随喜の涙を流しつつ、ただこれに遅れまいとする、日本人ののぼせた頭脳に冷水を浴びせるような警告となるものである。なかでも、

現代人は、いま一つの問いをつきつけられている。未来の人間もまた、過去の人間と同様に人間と呼び得るものか、いなかと。われわれは、文化生活や社会生活のすべての面で、人間が人間でないものに変化してゆく「非人間化」の事実を目のあたり見ている。そのうちでも特に甚だしいのは、道徳意識の非人間化であろう。もはや人間は最高の価値ではない。それどころか、人間は自分の価値をことごとく失ってしまったのである。ことに若いひとたちは、共産主義、ファシズム、民族社会主義、機械、スポーツ等に夢中になって、その結果、人間主義（ヒューマニズム）に反対するばかりか、「人間（ヒューマニティ）」そのものにさえ反対している。（『現代における人間の運命』野口啓祐訳）

という言葉は、今日の日本を指摘するものかとさえ思われるであろう。それは換言すれば、今日の日本人が、ベルジャーエフの眼で見た、近代文明下の現代人以外の何ものでもなくなっているからである。

ベルジャーエフの本心は「人々はすべて、人間を野獣化し、野獣を神化しようとしている。野獣そこのけのあさましい争いこそ、現代人のもっとも著しい特色」と見て、キリストの教えに基づくヒューマニズムを創造しようとしたのであるが、これに似て必ずしも同じ結論に立たない人物はアレキシス・カレル（一八七三―一九四四）である。カレルはベルジャーエフと同時代の

フランスの生理学者として、ノーベル賞を授与された科学者であるが、ルネサンス以来ヨーロッパの作り上げた近代文明が、人間軽視の文明であると断じた点、ベルジャーエフと判断は全く同様といってよい。しかし、カレルの言葉も味わうべきものがある。

私たちは今日、身体と魂のそもそもの要求は何ら顧慮せずに、技術の進歩のままに時間の途上を進んでいる。物質の中に浸り切っているのに、それから独立していると信じている。私たちが生き残るためには、捏造した妄想に従ってではなく、事物と私たち自身の構造から要求されるやり方で行動せねばならぬのを私たちは知ろうとしない。この過ちの中に、文明人は数世紀来落ち込んでいるのである。道徳からの解放と聖なるものへの感覚の放棄との歴史は、自然の本質的理法への不服従の歴史と混同している。例えば、利益を、生存の特別な目的として考えることが人間活動の分野を厚かましくも矮小にしてしまった。物質的利益を専ら追求するように自分の努力を限定すれば、私たちの人格が小さいものとなってしまうことは必然である。「経済人」は自由主義とマルクス主義のこしらえたものであって自然が作ったものではない。人間存在は、ただ生産したり消費したりするためにばかりつくられているのではない。人間さまは、進化の当初から、美への愛、宗教的感覚、知的好奇心、創造的構造力、犠牲の精神、英雄性等を証拠立てて来たのだ。人間を経済的活動に止めることは、それだから、自身の一部を切断することにも等しい。自由主義とマルクス主義は従って両つながら、自然の基本的傾向を、犯しているのである。（『生命の知

恵』杉靖三郎訳）

たしかに、現代人は経済的、物質的幸福の中にしか幸福を味わえなくなったかの感があるが、それを良いことに、利をもって、この野獣をあやつろうとする政治家が幅をきかすところに政治の混乱も人間の貧困も基づいている。

ところで、カレルの人間回復の方法はベルジャーエフのように宗教的ではない。彼は「社会は、生きている者のみならず、死者によっても構成されている」として過去の偉大なる英雄・哲人・聖者をたたえ、「かかる人のみが私たちの内的生命に、その要求する精神的栄養を齎らし得るのである」と道破している。そして家族を祖先とのつながりにおいて重視し、古い史跡や芸術作品の敬虔な保存を力説する。そして学校も「免状や資格のための悲しむべき工場ではなくして、道徳的、知的、美学的、宗教的教育の竈、殊に男子形成の中心」としようとする。しかし、真の教育は学校のみならず少数のグループによる精神的鍛錬が必要であり、「この身体、この精神を鍛え上げ、全地上を作り直すことが問題である」とその方法をさし示しているのである。

西洋文明、すなわち今日、世界を風靡した近代文明なるものが、その本質において人間の尊厳を無視し、人間を「非人間化」して、「人間の危機」をもたらしてしまったことを自覚反省するものは、この両者に限らない。しかし、そのような自覚の声が、かの近代文明の本場から起こりつつあるのに、東洋、ことにわが国においては、その近代文明の輸入と模倣にひたすら狂奔するばかりであるのは、いったい、どういう心理なのであろうか。

三　未来は「内」に

ここにわれわれは、敗戦によって失った最大のものが、その広大な国土でも、その豊富な資源でも、勇敢無比の軍隊でもないことを感ぜざるを得ない。なぜならば、日本人は、いまだに日本人としての誇りと自信をもたず、そのために一致協力することができないばかりか、自らを卑下し劣等視して、ひたすら外国文化に眩惑され、その社会に魅力を感じ、その政策に誘惑されて、かえって国内に相反目し相対立しつつあるからである。つまり、日本人は自らの心を失い魂を喪失したことにほかならない。産業経済の驚くべき復興、生活水準の飛躍的向上も魂なくして何の繁栄であろう。それは、極言すれば亡国の民と異ならないのである。国家に真の理想のないことも当然のことという他はあるまい。

それならば、ここに祖国の真の姿に悲憤し、またヨーロッパ近代文明の危機を認識し、祖国を亡国の淵より救い、世界の破滅を未然に救おうとするならば、いったい何をよりどころとすればよいのか。われわれは改めて明治以来わが国に来て、わが国を愛した異国人の忠告に、今日再び耳を貸すべきであろう。グリフィス、ラフカディオ・ハーン、ケーベル、ポンソンビー、これらの人々は、いったい日本のどこにうるわしさを求め、尊敬を払ったのであるか。それはけっして、ヨーロッパ化した日本、近代化した日本の美でも力でもなかったではないか。

中でも四十年、アジアを毒しつつある欧米勢力を痛烈に排斥して、

日本は彼等を模倣してはならぬ。然らずして今一度貴国自体の中に、貴国の神を発見せねばならぬ。貴国の魂の偉大なる思想、貴国の真の使命の思想を回復せよ。（黎明の亜細亜）

と忠告したフランスの詩人ポール・リシャールの言葉こそ、今日の日本人が深刻に熟慮反省すべきところではなかろうか。

疾風怒濤のような世界の動態に身を置く日本が、そのまっただ中にさおさしつつ、その握りしめるさおを手離すことなく、内なる日本の本質を自省し、その真の使命を自覚するということは、たしかに困難なことではある。一刻一刻、情勢は変化し、明日にもどんな事態が起こり、現象が現われるか予断のできないとき、それらに心を奪われることなく、動揺狼狽することなく、自らの進路を誤らないことは今日至難であろう。だから、そのゆえにこそ思索しなければならず、内を省み脚下を照らさねばならないのではないか。ことに制度政策や作戦謀略や取引流通が、いっさいを支配しがちな今日、そのためにこそ、根本に横たわる人間の問題が真剣に考慮されねばならないのではないか。ベルジャーエフやアレキシス・カレルの警告は実にそのためであった。しかも、ベルジャーエフのよりどころとするキリスト教は、わが国にはその歴史的基盤がなく、カレルの描いた理想は、ヨーロッパにおいてさえ、あまりにも空想的であった。彼らの求めて得なかったもの、それは古くより東洋に存し、日本の歴史の中に顕現され、そし

て、いまだになお現実にそれは厳存しているものである。

活眼を開いて、日本の歴史を見よう。先人は、社会的混乱や腐敗に陥るときに必ずまず人間の心を正した。改革の断行にあたって、まず己の心を正し、その後、人の心を正そうと努めた。戦乱の暇にも己の心を正し、平和なときまた心を正した。自分自身の心を正し、国家天下に及ぼそうとする努力は、自然の理法がそれを教え、人間の本性がこれを求めたのである。そして特にその著しい努力をささげた人々が偉人と仰がれ、先哲、先賢と尊ばれてきた。権力をほしいままにし、武力によって権力を握り、富と利をむさぼった者で誰が後世に美名を残したであろう。偉人と仰がれ先哲、先賢と尊ばれる人々は、これらの人と闘いつつ苦難の中に道を求め、身をもって道を踏み広めた人々にほかならない。ここに、日本歴史を貫く純粋の道統が存するのである。

ことに水戸の道統は、それを支えた先人たちが、よく日本の道統を継ぎ、学問によってそれを深め、実践によって、これを広め時代を貫き、幾世代にわたって鍛え上げてきたもの、ついには真の日本の姿を顕現して輝かしい時代を開くに至った。その求めるところの道、烈公はこれを特筆大書して、

天地の大経にして生民の須臾も離るべからざるもの也。

と断じたのである。そして、この世界普遍の大道が、日本において古来二千有余年、よく歴史を通じて守られ、究極の一点において破られなかったところ、日本の道の神聖にして国体の尊

厳なる理由を無窮に伝えて、いよいよその興隆を期したのであった。ここでいう究極の一点とは、すなわち、革命のかつて一度も行なわれなかったことであることはいうまでもない。

しかし、このわが国の誇りは、連合軍の占領時代に、その武力と政策により一顧すら与えられず破却され、共産勢力は革命の達成を妨げる最大の障害としてこれを倒しつつある。それは、自ら営利と機械のために、自己の人間性を蹂躙した国々のなすところであった。

それならば近代文明の危機に臨み、祖国の滅亡を眼前に見ようとするとき、未来を憂える真の日本人が、不退転の志を立てて進むべきときは今ではないか。

あとがき

大正に生を受け、昭和の激動時代に生き残った私の終生の願いは、外国軍隊による占領という日本歴史上いまだかつてなかった恥辱を一洗して、日本が正しい姿に立ち返る日を見届けたいということである。美しい自然に恵まれ、世界のどの国にも劣らない優れた歴史を持ち、卓越した精神を持つ祖先によって守られてきたこの日本が、ひとたび戦いに敗れたためとはいえ、強大な武力をもって全土を占領した外国の命ずるままに、国の理想を変えさせられ、父祖の精神を放棄し、伝統の誇りを忘れて彼の国風に従わなければならないということは、何という無念なことであろうか。

しかし、占領時代のあのいまわしい屈従の中にあっても、国家が壊滅に陥らず、その後も幾たびか荒れ狂った赤色革命の暴風雨の中でも、国のいのちが絶えなかったことは、長い歴史の中で磨かれてきた日本の道が厳然として存したからに他ならない。日本の道は、どん底の逆境にあっても、繁栄の絶頂にあっても、守ろうとする人にとっては不変であり、無窮である。水戸の先哲は「人よく道を弘むるなり」ということを信じて弘道館を建て、そして、生命をかけてこの道を広め守ったではないか。

また、道は日本の歴史を一貫して、よく二千年の道統を樹立したが、同時にそれは世界に普遍するものである。『弘道館記』には、その故に、「道とは何ぞや、天地の大経にして、生民の須臾《しゅゆ》(=しばらく)も離るべからざるものなり」と明記したではないか。

今日物質文明はいよいよ栄え、人間は物質的欲求を追って、ただ利を求める動物と化しつつある。しかも、真の幸福が経済的繁栄や物質的利益によってかち得られないことは、ようやく今、目ざめるところとなりつつある。人間回復とか、人間尊重の叫ばれるようになったことは理の当然であろう。しかし、真の人間回復も人間尊重も、道を求め道を広めることなしに得られるはずはない。そして、それは精神の鍛錬なしに求められるものでもない。

ここに、水戸の先哲が二百数十年にわたって鍛えた精神は、現在の日本において謙虚に考え直されなければならない、と同時に、未来の世界を導く本源の精神として復活されなければならない理由がある。

本書に収めた小編は、昭和二十八年から同三十五年までの間、「桃李」、「日本」、「水戸学研究」、「東湖会々報」などに掲載したものである。過去の執筆であるために、考察の未熟さ、表現の拙なさは自ら認めるが、その本旨は私において今日、少しも変わるところはない。しかし敗戦後すでに四分の一世紀を過ぎた現在、内外の情勢も、しだいに変化を遂げつつある。しかし「衣食足って礼節を知る」時代はまだ遠く、道義の高さ美しさにおいて、世界の信頼と景慕を受けるにはなおさら遠い。おりしも、戦後教育の思いきった改革が、今日の課題として提起されたことは、理想実現の一転機として、真剣な反省がなされねばならない時である。

ここに数々の知友、同学のすすめに従って再刊するにあたり、若干筆を加え体裁を整えたが、願わくば、日本を考えるに当たって、この小論を踏み台として、さらに先哲の尊い精神をその遺著遺文によって求められることを。

最後になって失礼であるが、学生のころから私を導いて日本の道統に志を向けてくださった恩師平泉澄先生をはじめ多くの先達から受けた広大なる学恩に深い感謝を捧げる。また、今回の発行について特にお世話をいただいた水戸学研究会の奥野恂邦氏、同氏のすすめで出版を引き受けられた鶴屋書店と、文字の表現等を直してくださった協同出版の係、他各位のご協力に対し深謝の意を表して筆をおく。

昭和四十六年六月二十九日

名越　時正

終わりに――復刊の経緯――

水戸史学会は昭和四十九年の創設であるから、来る令和六年には創立五十年を迎える。また創設者の名越時正先生は平成十七年に帰幽されたので翌七年には二十年祭を迎えるとともに先生が教導の場とされた青藍舎は設立七十年となる。このように相次いで区切りの年を迎えるにあたり本書の復刊に思いを致したのである。

本書の原版は昭和三十六年に刊行された『水戸の道統』であるが、十年を経て『水戸学の道統』として若干の修正改称を施して刊行された。爾来五十年、入手も困難となったが、区切りの年を迎えることもあって再び世に送ろうと計画したのである。従って今回は第三版となる。復刊に際しては第二版を継承したが、誤植等若干の修正を加えた。

第三版の刊行にあたってご高配を賜わった令息名越時照様、原著刊行の水戸学研究会と鶴屋書店をはじめ関係各機関に謝意を表する。また水戸史学会の理事・会員各位、就中「はじめに」を寄稿いただいた宮田正彦会長、校正等に尽力された住谷光一理事と薗部等理事、そして本書を水戸史学選書に加えてくださった錦正社の中藤正道社長及び同社の方々にも御礼申し上げたいと思う。

（理事、梶山孝夫記）

著者略歴

名《な》越《ごや》時《とき》正《まさ》

大正 4 年 1 月生。茨城中学校、水戸高等学校を経て、東京帝国大学国史学科を昭和 14 年卒業。同大学副手・助手を勤め、戦後茨城県立水戸第一高等学校に勤務。昭和 50 年 4 月退職して同 57 年まで茨城女子短大講師。水戸市文化財審議会委員、水戸史学会会長を歴任。平成 17 年帰幽。

主なる著書『水戸學の研究』、『日本学入門』、『水戸光圀とその餘光』、『新版水戸光圀』、『水戸學の達成と展開』等。

〈水戸史学選書〉水戸学《みとがく》の道統《どうとう》

令和四年七月二十七日 発行
令和六年三月二十五日 第二刷

※定価はカバーなどに表示してあります。

著者 名越時正
著作権者 名越時照
企画・編集 水戸史学会（会長 宮田正彦）
装幀者 吉野史門
発行者 中藤正道
発行所 錦正社
〒一六二―〇〇四一
東京都新宿区早稲田鶴巻町五四四―六
電話 〇三（五二六一）二八九一
FAX 〇三（五二六一）二八九二
URL https://kinseisha.jp/

印刷所 ㈱平河工業社
製本所 ㈱ブロケード

ISBN978-4-7646-0147-5